KB202996

태초에 하나님이 천지를 창조하시니라

창 1:1

살아가면서 생기는 의문들

이야기로 풀어보는 창조론의 신비

살아 가면서 생기는 의문들

이야기로 풀어보는 창조론의 신비

이기정 지음

아침향기

길이요 진리요 생명이니..

사람은 세상에 태어나자마자 누구나 인생길을 걷기 시작합니다. 그것은 변함없는 진리요 생명의 길입니다. 그 길이 얼마나 먼지 얼마나 오래 걸어야 하는지 언제 끝날지는 아무도 모르면서도 걸어야 하는 길입니다. 분명한 것은 사람은 누구나 그 인생길을 걸어야 한다는 것과 언젠가는 그 인생길이 끝난다는 사실입니다.

왜냐하면 사람은 영원한 존재가 아니라 육신을 가지고 있는 한은 영원히 살 수가 없는 유한한 존재이기 때문입니다. 인생은 언젠가는 흙으로 돌아가야 되기 때문입니다. 그 때까지는 어떤 어려움이 있든지 어떤 기쁜 일이 있든지 걸어야 하는 인생의 길입니다.

그런데도 사람이 세상에 태어나면 가문의 영광이라고 하면서 축하하고 즐거워합니다. 마치 천년이나 만년이나 살 것처럼 기뻐합니다. 그러나 그의 인생길은 고작 80년이나 100년입니다. 태어난 지 10년이 지나면 그의 수명이 100이라고 가정할 때 90년이 남는 것이고 50년이 지나면 그의 인생길은 50년이 남게 되는 것입니다. 인생길의 세월이 날아 가고 있기 때문입니다.

사람이 세상에 태어나면 인생길을 걸어야 하는 것처럼 우주 만물도 창조 되자마자 세월이라고 하는 시간 위에서 종말이 올 때까지 만물이 가는 길을 걸어야 합니다. 하나님께서 사람에게 수명을 주신 것처럼 우주 만물에게도 처음과 나중이 있도록 설계를 하셨기 때문입니다. 그래서 사람의 수명이 다해가면 몸으로 마지막이 온다는 것을 느끼는 것처럼 지구에게도 말세가 오면 마지막의 모습을 보이게 되는 것입니다. 그러나 확실한 종말이 언제 올지는 아무도 모릅니다. 다만 설계하신 하나님만이 인생길의 끝이나 만물의 길 끝을 아시고 계십니다.

하나님이 "나는 알파와 오메가요 처음과 마지막이요 시작과 마침이라."고 하신 뜻은 하나님이 인생도 만물도 그렇게 설계를 하셨다는 뜻입니다. 하나님이 바로 처음과 마지막을 주관하시는 주인이시라는 뜻입니다. 그 마지막이 언제인지는 하나님만이 아시는 비밀입니다.

그러나 인생길은 누구나 반드시 걸어야 하는 길이기에 진리라 할 수 있습니다. 걸어도 되고 안 걸어도 되는 길이 아니기에 진리입니다. 예수님께서도 나는 길이요 진리라고 하셨습니다. 믿는 자가 예수님의 가신 길을 따르는 것은 진리이기 때문입니다. 예수님이 세상에서 행하신 모든 사역이 진리입니다.

그뿐 아니라 예수님이 가신 길을 따르는 그 길은 진리의 길이요 생명의 길입니다. 그 길은 영원을 소망하며 살아가는 믿는 자들의 영생의 길이기 때문입니다.

이 기 정

추천사

믿음은 바른질문으로 더욱 성장합니다

변 은 광 목사

(밸리생명침례교회 담임)

얼마전 켄터키 주에 있는 창조박물관(Creation Museum)을 다녀왔습니다.

과학적으로 하나님께서 어떻게 천지를 창조하셨는지를 믿는 사람의 관점에서 잘 설명해 주었습니다. 함께 했던 아이들도 좋아 했습니다. 이런 명확한 사실을 사람들은 왜 믿지 않는지 의아할 정도였습니다. 그러나 우리는 세상이 하나님의 하나님 되심을 인정하기 싫어한다는 것을 압니다.

하나님께서 천지를 창조하셨다는 것은 이해와 설득보다는 믿음을 요구합니다. 하나님이 천지를 창조하셨음을 믿을 때 천지 창조에 관한 모든 사실들이 이해가 되고 설득이 되는 것입니다. 믿지 않는 사람, 하나님의 천지창조를 믿지 않기로 작정한 사람은 아무리 설명이 좋고 완벽해도 믿지 않습니다.

그런데 우리 가운데 많은 분들이 믿으면 덮어놓고 믿어야 한다고 생각합니다. 질문을 하면 믿음이 없다고 생각하는 분들도 있습니다. 무조건 믿어야 한다고 생각합니다. 그러나 믿음은 질문이 없는 것이 아닙니다. 수많은 질문에 믿음의 답을 가진 사람이 믿는 사람입니다. 우리의 믿음이 온전한 지식과 만날 때 그 때 우리는 균형 잡힌 신앙생활을 할 수 있게 됩니다.

이 책속에는 수많은 질문들이 있습니다. 우리의 질문들이 포함이 되어 있습니다. 저자는 질문을 하고 말씀 속에서 그 질문의 답을 찾아 보여줍니다. 성경과 과학적 지식을 연결하여 설명해 주고 있습니다. 이 책을 읽다보면 질문들을 통해 우리는 천지 창조에 관한 많은 정보를 얻을 수 있게 됩니다.

질문이 많은 자녀들에게, 이제 막 예수님을 믿은 사람들에게, 예수님을 믿으려고 하는 사람들에게 그리고 예수님을 믿지 않는 자들에게도 말해 줄 수 있는 좋은 지식을 얻게 됩니다. 이 책을 통해 천지 창조에 대한 올바른 이해가 생기게 되기를 소원합니다.

첨단 과학 문명시대의
바람직한 신앙을 말한다

강신억 목사

(편집주간)

창조신학자 이기정 목사님의 다섯 번째 책이 나왔습니다. 〈손자와 함께 풀어본 창조의 신비〉가 출판된지 10년의 세월이 흘렀습니다. 5종의 창조론 해설서를 출판하시는 동안 이 목사님의 연세는 80대 후반이 되셨고 때로 육신은 질병과 수술과 치료의 과정을 통과하기도 하셨습니다. 사모님의 내조와 간호도 기억합니다.

육신의 시련을 겪으면서도 목사님은 깊은 묵상과 집필의 노력을 멈추지 않으셨습니다. 150회에 이르는 아침향기 연재를 단 한 번의 빠짐도 없이 꾸준히 계속하셨습니다. 이 책은 그런 열매의 일부이기도 합니다.

사람들은 흔히들 천재의 탄생을 부러워하고 놀라기도 합니다. 특히 과학분야에는 20대 천재 박사들이 즐비합니다. 그러나 역사, 문학, 철학 분야에서 신동이나 천재의 탄생은 아직 이루어지지 않습니다. 여기에는 인생의 굴곡과 경륜과 혜안이 결부되어야만 하는 과정이 있기 때문입니다.

하나님의 진리의 계시와 그것의 삶의 적용과 해석은 하루 아침에 이루어지지 않습니다. 이것들은 일평생 주어진 생의 과업입니다. 이 목사님은 그 생의 과제를 성실히 천착하며 수행하셨고 이제 그 열매를 독자들에게 전달하고 있습니다.

현대는 과학 문명의 눈부신 발전의 부작용으로 과학만능주의와 신앙의 무용화를 외치는 시대의 도전에 직면하고 있습니다. 성경은 결코 과학을 무시하거나 거부하지 않습니다. 기독교 신앙은 반과학주의나 반지성적이지 않습니다. 모든 지식은 하나님의 은총입니다. 과학의 수많은 난제와 신비의 문제를 해결하는 길은 초과학적인 절대자의 영역입니다.

창조론을 삶의 현장에서 깨달아 가는 이기정 목사님의 저서를 통해 인생의 경륜을 더해 가며 새로운 과학시대에 걸맞는 신앙과 신학을 세워가는 기쁨과 보람이 모든 독자들에게 함께하기를 기대합니다.

목차

사. 창조의 이치를 깨닫게 하는 읽을 거리

모든 성경은 하나님의 감동으로 된 것으로
교훈과 책망과 바르게 함과 의로 교육하기에 유익하니
딤후 3:16

가

성경이 정확하다는 것을
믿어야 할 이유

가.

성경이 정확하다는 것을
믿어야 할 이유

1. 성경은 신화가 아니라 역사적 사실이다

성경이 사실로 믿어지기 위해서는 확인되어져야 할 몇 가지 조건이 있다. 예를 들면

아담이 정말 실존했던 인물인가?

하나님께서 정말 아담을 인류의 시조로 창조 하셨는가?

에덴동산이 정말 실재했던 장소일까?

에덴동산이 있던 곳은 현재 지구의 어느 지점인가?

아담의 갈비뼈로 여자를 만든 것이 사실인가?

사람이 900년 이상을 살았다는 것이 사실인가?

지구에 노아 홍수가 정말 있었던가?

노아 홍수 때 노아의 8식구만 남고 다 죽었던가?

모세가 이스라엘 백성을 인도해서 정말 홍해를 건넜을까?

등...

모두가 불신자에겐 신화 같은 내용들이다. 성경이 사실로 믿어지기 위해서는 그런 의문들이 먼저 해결돼야 할 것이다. 성경이 신화가 아니라는 사실이 증명되어야 한다는 이야기다.

어떻게 하면 그런 의문들이 해결될 수 있을까? 한 번 깊이 생각해 보자.

a) 성경은 신화가 아니라, 하나님의 말씀을 사실대로 기록한 책이다

우선 성경이 강조하는 것이 무엇인가? 성경은 하나님의 감동으로 쓰여진 책이라 고 강조한다. 물론 성경은 사람들이 기록한 책이지만 하나님의 감동을 받은 사람들이 기록했기 때문에 하나님이 쓰신 책이라는 뜻이다. 그러니까 성경은 기록한 사람들의 사사로운 의견이나 뜻이 포함되지 않았다는 말씀이다.

그래서 성경을 읽을 때는 성령께서 내 영적 감각을 깨워주셔야, 성경을 확실히 믿고 받아들일 수 있는 것이다. 왜냐하면 하나님이 우리를 영적 존재로 만드셨으니까, 내 영이 깨어나야 될 것이다. 내 영이 깨어나서 하나님께서 나에게 하시는 말

씀을 들을 수 있으면 되는 것이다. 왜냐하면 인간의 상식으로는 성경을 하나님의 말씀으로 받아들일 수 없기 때문이다.

또 성경이 믿어지기 위해서는 성경의 사건들이 역사적 사실로 확인되고 증명이 돼야하고, 과학적으로 증명이 돼서 확신을 가질 수 있어야 한다.

왜냐하면 하나님이 시간을 창조하셨고, 또 역사를 시작하도록 하신 분이기 때문이다. 그리고 물질을 창조하시면서 물질을 과학의 이치에 맞도록 창조하셨기 때문이다.

그 다음 성경이 사실로 믿어지기 위해서는 성경에 등장하는 명칭(인명, 지명, 강이름, 산이름, 역사적인 사건 등)들이 우리의 현실과 연결되고 확인이 되어야 한다는 것이다.

예를 들면 한국 고조선 역사에 등장하는 단군 할아버지. 그 단군 할아버지는 실재했던 인물인가? 아니다. 그러니까 단군 할아버지에 대한 역사는 기록은 있으나 실존했던 인물도 아니고 실재했던 역사도 아니기 때문에 신화라는 뜻이다.

그러나 고구려 주몽이나, 고려 왕건, 조선의 이성계는 실존했던 역사적 인물이다. 그러기 때문에 고구려 역사나 고려 역사, 조선의 역사로 기록된 것은 분명한 사실이다.

그래서 성경에 등장하는 지명이나, 강의 이름, 산의 이름이 역사적 사실인지, 현재도 존재하고 있는지 확인이 되면 그 성경 기록 역시 분명한 사실이라는 뜻이다. 때문에 그런 성경 기록이 사실인지 아닌지를 밝혀내기 위해서 탐험가나 고고학자들이 유적을 찾아 헤매는 것 아니겠는가?

창 8 : 4에... "방주가 아라랏 산에 머물렀으며"라 했다. 아라랏 산이 어디에 있는가? 아라랏 산은 터키동부와 아르메니아, 이란의 국경지대에 걸쳐 있다.

프랑스 탐험가 페르난도 나바라는 사람이 18년간 방주를 추적했다고 한다.

그는 1953년에 높이가 5185m나 되는 아라랏 산에서 배의 파편을 찾아 가지고 내려 왔다고 한다. 그 파편을 고고학적 감정을 해본 결과 구약시대의 것이라는 것이 입증 되었다고 한다. 그 외에도 방주를 탐사한 사람이 여럿이 있다고 한다.

그러니까 노아의 홍수 사실도, 노아 방주의 존재도, 과학자들이 부정하던 성경 사실도... 아라랏 산 이라는 이름 하나 때문에 사실로 입증이 가능하게 되었다는 이야기가 된다.

또 창 2 : 7절 "하나님이 흙으로 사람을 지으시고 생기를 그 코에 불어넣으니 사람이 생령이 되었다."라는 말씀이 있다. 하나님께서 사람을 흙을 재료로 창조하셨다는 말씀이다.

사람의 육체가 흙이라는 사실은 불신자도 알고, 믿는 자도 다 아는 사실이다. 사람뿐만 아니라 모든 동물의 육체도 다 재료가 흙이다. 사람이나 동물이 똑 같다.

사람의 육체 재료가 흙이라는 것은 상식적으로도, 과학적으로도 증명이 되는 사실이다. 그러니까 사람이 흙으로 되었다고 기록된 성경은 사실이라는 뜻이다.

오직 사람이 동물과 다른 점은 창조 방법이 다르다는 이야기다.

사람은 하나님의 손으로 만드셨고, 하나님의 형상으로 만드신 것이 사실이다. 그러나 모든 동물들은 하나님께서 명령으로 만드셨다.

b) 아담은 실재로 존재했던 인물이다

혹 아담이 실존인물이라고 대답은 못할지라도, 아담은 역사적 인물임에 틀림이 없다. 왜냐하면 아담의 후손들의 족보가 분명하게 기록되어 있기 때문이다.

아담의 족보에 나오는 인물이 누구인가?

노아나 아브라함, 이삭, 야곱, 모세나 다윗, 솔로몬 같은 인물이 있지 않는가?

유대인이라면 그런 조상들이 역사적으로 실재했던 조상이라고 분명히 알고 있다. 그러니까 아브라함이나 모세, 다윗이 이스라엘의 역사적 인물인 것처럼 그 족보에 등장하는 아담도 역시 역사적인 인물임에 틀림이 없다.

거기에 또 다른 문제를 제기할 수는 있다. 아담이 역사적 인물이라면 부모가 있어야 되는데 아담이 어떻게 존재하게 되었는가? 하늘에서 뚝 떨어졌는가? 그런 문제의 의문일 것이다.

그러면 나도 질문을 하나 하겠다. 과학으로 생명을 만들 수 있는가? 없다. 불가능하다. 과학이 아무리 발달 했을지라도 과학이 생명을 만들 수는 없다.

하나님께서는 만물을 과학의 이치로 창조하셨으나, 아담은 과학의 이치로 창조하시지는 않았다. 그러면 하나님께서 아담을 어떤 방법으로 만드셨는가?

생명은 생명으로부터의 원리로 창조하셨다.

죽은 부모가 살아있는 아들을 낳는 것 보았는가? 그런 경우는 절대 있을 수 없다. 살아있는 부모가 살아있는 자식을 낳는 법이다. 생명이 있는 자가 생명을 낳을 수 있기 때문이다. 생명이 생명을 낳는 것 그것은 과학이라고 생각한다.

왜 그런 원리가 있게 되었는가?

하나님이 생명이시니까 생명을 가진 아담을 낳으신 것이라는 뜻이다. 그러니까 하나님은 아담의 아버지시다. 그래서 성경에서도 하나님을 아버지라 하고 우리도 하나님을 아버지라 부르는 것이다.

그러면 부모가 날 낳았다는 것을 어떻게 증명을 하는가? 자식이 부모를 닮은 것으로 증명한다. 오늘날 과학적으로 친부, 친자를 무엇으로 확인하는가? DNA(유전자)로 한다. 하나님께서 아담을 창조하실 때 하나님이 자신의 DNA 를 아담에게 넣어 주셨다는 뜻이다. 그러니까 하나님은 아담의 친부가 되시는 것이다.

그러면 무엇으로 하나님이 아담에게 DNA 를 넣어주셨다는 사실을 증명할 수 있는가? 자식이 부모를 닮아 태어나듯,

하나님도 사람을 닮게 창조하신 것으로 증명이 된다. 하나님께 있는 유전자가 사람에게 있게 된 이유다.

창 1 : 26-27에 아주 정확하게 그 사실을 말씀하고 있지 않는가?

"하나님이 이르시되 우리의 형상을 따라 우리의 모양대로 우리가 사람을 만들고..." 라고 기록되어 있다.

얼마나 정확한가? DNA(유전자) 때문에 자식이 부모를 닮아 가지고 태어나듯이 사람도 하나님의 DNA 때문에 하나님의 형상, 하나님의 모양으로 사람은 창조 되었다. 사람은 하나님의 형상대로 성품까지도 꼭 닮도록 만드셨다는 사실이다.

물론 하나님은 영이시니까 육체는 없으시다. 그러나 하나님은 창조주니까 하나님의 영으로부터 보이지는 않지만 하나님을 닮은 보이는 육체를 낳으신 것이다. 성경이 하나님을 아버지라 하고, 우리도 하나님을 아버지라 부를 수 있는 이유다. 하나님은 영으로도 우리의 아버지요, 육으로도 우리의 아버지시다. 그래서 아담은 실존 인물이요 역사적 인물임에 틀림이 없다.

c) 에덴동산이 있었다는 것은 확실하다

성경에는 분명 하나님이 에덴동산을 창설하시고 아담을 거기에 두셨다, 라고 기록하고 있다. 만약 에덴동산도 전혀 그 흔적조차도 찾을 수 없다면 불신자들이 무어라 하겠나? 성경도 신화라고 하지 않겠는가?

> 창 2 : 8-9절... "여호와 하나님이 동방의 에덴에 동산을 창설하시고 그 지으신 사람을 거기 두시니라 여호와 하나님이 그 땅에서 보기에 아름답고 먹기에 좋은 나무가 나게 하시니 동산 가운데에는 생명나무와 선악을 알게 하는 나무도 있더라."

이 말씀이 어떻게 이해가 되는가? 불신자가 읽으면 분명 신화라고 할 수 있는 내용이다. 하지만 하나님께서 첫 사람 아담의 생활 근거지를 그렇게 만들어 주셨다는 이야기다. 단순히 의식주 문제를 해결해 주신 것이 아니다. Paradise(낙원)를 만들어 주신 것이다. 낙원을 만들어 주셨다고 하니까 더욱 신화 같은 느낌을 주고 있다. 그런데 그곳이 어디인지 지금은 찾아볼 수가 없다. 에덴동산이 있던 장소를 찾을 수가 없다는 이야기다.

왜 없어졌을까? 아담이 하나님의 말씀에 불순종 한 죄로 에덴에서 쫓겨났기 때문이다. 하지만 성경이 사실이라면 아담이 살던 에덴동산이 어디쯤인가는 알 수 있을 것 아니겠는가?

> 창 2 : 10-14절 "강이 에덴에서 흘러나와 동산을 적시고
> 거기서부터 갈라져 네 근원이 되었으니,
> 첫째의 이름은 비손이라 금이 있는 하윌라 온 땅을 둘렀으며
> 그 땅의 금은 순금이요 그 곳에는 베델리엄과 호마노도 있으며,
> 둘째 강의 이름은 기혼이라 구스 온 땅을 둘렀고,
> 셋째 강의 이름은 힛데겔이라 앗수르 동쪽으로 흘렀으며
> 넷째 강은 유브라데더라."

여기서 에덴동산에 있던 네 강의 이름들이 등장한다. 비손, 기혼, 힛데겔, 유부라데. 그 중 비손, 기혼은 성경에만 이름이 있고, 현재 그 위치가 전혀 밝혀지지 않고 있다.

힛데겔은 티그리스 강의 옛 이름이라고 한다.
단 10 : 4... "정월 이십사일에 내가 힛데겔이라 하는 큰 강 가에 있었는데.." 라는 기록이 있다. 아담 때 있던 강이 3500여

년이 지난 다니엘 때도 같은 이름으로 있었다는 말이다.

그 성경 말씀은 다니엘이 바벨론에 포로로 잡혀 가 있을 때 일어난 일이다.

힛데겔 강변에서 천사를 통해 앞으로 되어질 일에 대해 계시를 받는 내용이다.

그러니까 힛데겔 강은 다니엘이 포로로 잡혀가 있던 바벨론에 있는 강임에 틀림이 없다.

바벨론의 후예가 지금 어느 나라에 살고 있는가? 이라크에서 살고 있다.

그렇다면 힛데겔 강은 현재의 이라크 지역에 있었다고 할 수 있다.

문제는 본문에 등장한 힛데겔이 다니엘 당시 힛데겔과 같은 강이냐는 것이다. 노아 홍수 때문에 없어졌거나 달라지지 않았겠느냐? 물론 그것은 모른다. 그래도 연구 해야한다. 여하튼 14절에... 힛데겔이 앗수르 동편으로 흐른다고 했다.

앗수르가 지금 어디에 있는가? 이라크에 있다. 현재 이라크에 있는 티그리스 강이 앗수르에서부터 흐르고 있다는 이야기다. 그렇다면 힛데겔 강이 바로 티그리스 강이 맞는다는 이야기가 된다.

또 넷째 강은 유브라데라 했다. 유브라데스 강도 아시다시 피 지금 이라크에 있다. 에덴동산에서 발원한 네 강중에 두 강이 현재 이라크에 있다면 에덴동산은 바로 이라크나 아니면 두 강이 통과하는 이라크 근처가 아니겠느냐 라는 말이 된다.

혹 에덴동산이 노아방주가 멈춘 아라랏산 근처라고 하는 사람도 있다.

에덴동산은 지금 보이지는 않지만 에덴동산이 있었던 곳은 대략 짐작이 가지 않는가? 바로 터키 동남부나 이라크의 북부 지역이 분명하다. 성경이 사실이라는 흔적일 것이다.

신화는 시간이나, 지명, 인명이 기록되어 있지 않거나, 아 니면 실재했던 것들이 아니다. 그러나 성경은 시간과 지명과 인명이 분명하게 기록이 되어 있고, 실재했던 것들이다. 왜 그 런가? 성경은 분명한 사실이기 때문이다.

그러나 무엇보다도 성경이 하나님의 말씀이라는 사실을 확 실하게 받아들이기 위해서는 성경이 하나님의 말씀이라는 확 신을 가져야 하고, 성령을 받아야 된다.

그래야 영적 감각이 살아나 역사적 사실도 믿고 과학적 이치도 믿게 될 것이다.

성경은 확실히 역사적 사실이다.

2. 나를 하나님의 형상을 닮도록 하신 이유

현대 기독교인들은 지금이 말세지말이라는 사실을 누가 설명을 하지 않아도 절실히 느끼면서 살아가고 있을 것이다. 왜냐하면 성경이 분명하게 말세지말의 징조를 말씀하고 있고 세상의 변화되는 환경으로 우리에게 그것을 매 순간 보여주고 있기 때문이다.

성경에는 분명 하나님이 땅의 기초를 설계하셨지만 마지막엔 멸망할 것이라고 말씀하고 있다.

"주여 태초에 주께서 땅의 기초를 두셨으며 하늘도 주의 손으로 지으신 바라.
그것들은 멸망할 것이나 오직 주는 영존할 것이요 그것들은 다 옷과 같이 낡아지리니

의복처럼 갈아입을 것이요 그것들은 옷과 같이 변할 것이
나 주는 여전하여 연대가 다함이 없으리라."(히 1:10-12)

주님은 영원히 불변하시지만 주님의 설계로 창조하신 우주 만물은 영원히 존재하는 것이 아니라 결국은 낡아져서 변하고 멸망할 것이라는 이야기다.

그런데 성경의 경고가 무엇인가? 말세의 날에 하늘과 땅과 물질이 불에 타서 녹아 없어질 것이라고 하신다. 다시 말하면 태초에 하나님께서 6일 동안 창조하신 모든 것이 세상의 끝에는 전부 불에 타서 녹아 없어진다는 것이다. 그런데도 신비한 것은 사람에게는 오히려 "하나님의 날이 임하기를 간절히 사모하라"고 하신다. 또 "우리는 그의 약속대로 새 하늘과 새 땅을 바라보도다" 라고 하신다. 우리가 살고 있는 땅은 말세에 전부 없어지는데도 우리가 사모할 것은 새 하늘과 새 땅이라는 뜻이다. 하나님께서 약속하신대로 새 하늘과 새 땅을 볼 수 있다는 뜻이 된다.

그러면 하나님이 창조하신 모든 것이 멸망하는데 왜 사람만은 하나님의 날을 간절히 사모하고 그의 약속대로 새 하늘과 새 땅을 바라볼 수 있게 된다고 하시는가? 왜 세상은 다 멸

망하는데 우리들은 복음을 전해야 하고 영원을 간절히 사모해야 되는가? 그 답은 하나님께서 우리를 하나님의 형상대로 창조하셨기 때문이다.

인간을 포함해서 모든 만물이 하나님이 창조하신 피조물이지만 다른 창조물은 말세에 멸망하도록 설계하셨다. 그렇지만 사람만은 하나님의 형상을 닮도록 창조하셨다. 하나님께서 왜 사람만은 하나님을 닮도록 만드셨을까? 사람만은 세상과 함께 멸망하지 않도록 하시기 위해서 하나님을 닮도록 만드셨다, 고 답을 할 수밖에 없다. 하나님께서는 사람을 사랑의 대상으로, 교제의 대상으로 삼으시기 위함이다. 하나님을 닮은 존재가 세상과 함께 멸망해서는 하나님의 권위가 서지 않기 때문일 것이다. 그래서 사람에게 비록 죄가 있을지라도 하나님께서 구원하셔서 영원한 생명을 얻게 하신 것이라 생각이 된다.

그러니까 우리 인간이 하나님을 닮았다는 것은 성품과 모양만 닮은 것이 아니다. 영원하신 하나님의 영원한 생명까지도 닮도록 하셨다는 뜻이다. 즉 사람은 하나님의 영원성까지 닮았다는 뜻이다. 그래서 사람이 피조물이지만 하나님께서 구원하시고 영원을 사모하도록 하셔서 비록 세상은 멸망할지라도 하나님이 계신 곳을 향해 사모하며 살도록 하셨다는 이야기다. 이 얼마나 크신 은혜이며 복인가?

이제 하나님께서 나를 하나님을 닮도록 만드신 이유를 확실히 안다면...

말세에 우주 만물이 다 없어져도 내가 영원을 사모하는 이유를 안다면...

내가 혹 죄인이라도 영원한 생명을 얻어야 할 이유를 안다면...

내가 먼저 하나님의 형상을 회복하고...

나도 다른 사람에게 복음을 전해야 되지 않겠는가?

내가 하나님을 닮은 존재라는 사실을 안다면 하나님께 감사하면서 살아야 될 것이다.

그러기 위해서 우리는 하나님께서 왜 우주 만물을 창조하셨는지를 알아야 한다. 우주 만물을 창조하신 것을 보면 하나님이 얼마나 사람을 사랑하셨는지, 얼마나 지혜로우신지, 얼마나 능력이 많으신지를 알 수가 있기 때문이다.

그러나 분명한 것은 하나님께 감사하면서 살아가는 사람에게는 하나님께서 그의 길도 선하게 인도해 주신다는 사실이다.

3. 성경은 1,600년에 걸쳐 기록 되었지만 공통의 내용이라는 사실이다

구약 성경의 모세 오경은 주전 1440년 경에 기록한 것으로 되어 있다. 그리고 그 후 천년 동안에 걸쳐 구약의 기록이 완성되었다. 그 다음 450년은 성경의 역사가 사라진 중간사의 시간이 흘렀다. 그 450년이 지나 예수님이 오시고 예수님의 공생애가 끝난 후 대략 50년이 지난 후에 다시 신약성경이 기록 되었다. 그러니까 신, 구약 전체가 기록된 기간은 대략 1,600년에 걸쳐 기록되었다는 이야기가 된다.

그런데 1,600년에 걸쳐 기록된 성경이 기록한 사람이 수십 명인데 주인공과 기록된 내용과 목적이 공통적이라는 사실이다. 성경은 신화도 아니고 소설도 아니다. 하나님께서 감동을 주셔서 1,600년에 걸쳐 기록하도록 하신 처음과 나중이요 시작과 마침이 되시는 하나님의 정확한 역사 기록이다.

나

창조 사실을 기록한
창세기

나.

창조 사실을 기록한 창세기

"태초에 하나님이 천지를 창조하시니라" (창세기 1 : 1)

창세기 하면 첫 번째로 머리에 떠오르는 것이 무엇입니까? 창조입니다.

창조하면 머리에 떠오르는 것은 무엇입니까? 무에서 유(아무것도 없었는데 있는 것)입니다. 전지전능하신 하나님께서 시간도 공간도 물질도 전혀 없는 상태에서 지금 우리가 살고 있는 이 우주와 지구를 만들어 주셨기 때문입니다. 바로 그 사건을 기록한 책이 창세기입니다.

1. 무에서 유(창조)

성경은 창세기 첫 절에서 하나님께서 천지를 창조하셨다고

만 선언을 하십니다.왜 창조 하셨는지, 어떻게 창조하셨는지, 어떤 방법으로 창조하셨는지는 설명이 전혀 없습니다.

하지만 우주 만물을 창조하셨다는 말씀은 기독교인이라면 누구나 굳게 믿고 있어야 하는 믿음의 첫 번째 내용입니다. 하나님의 창조를 인정하지 않으면서 성경을 읽거나 창조를 부인하면서 믿음을 가질 수는 없기 때문입니다.

성경이 분명하게 말씀하시고 있습니다.

> "만물이 그에게서 창조 되되 하늘과 땅에서 보이는 것들과 보이지 않는 것들과 혹은 왕권들이나 주권들이나 통치자 들이나 권세들이나 만물이 다 그로 말미암고 그를 위하여 창조되었고 또한 그가 만물보다 먼저 계시고 만물이 그 안에 함께 섰느니라"(골 1 : 16-17)

이 구절 속에는 누가 창조하셨는지, 무엇을 창조하셨는지, 왜 창조하셨는지, 누구를 위해 창조하셨는지, 그가 어떤 분이신지 다 말씀하고 있습니다.

그렇게 무에서 유를 창조하셨다고 선언했는데 창조된 것이 모두 다 보입니까?

보이는 것도 있고 보이지 않는 것도 있습니다.

처음에 창조하신 시간도 공간도 물질도 처음에는 전혀 보이지 않았습니다. 그래서 성경이 이렇게 묘사하고 있습니다.

"땅이 혼돈하고 공허하며 흑암이 깊음 위에 있고 하나님
의 영은 수면 위에 운행하시니라"(창1 : 2)

무에서 유가 되었지만 어느 것도 보이도록 형태를 이루지 않았기 때문입니다.

마치 산모가 처음 임신 하면 분명 없었던 아기가 생겼는데 눈으로는 보이지 않는 것과 마찬가지입니다. 왜냐하면 아직 아기의 형태가 이루어지지 않았기 때문에 사람의 형태가 보이지 않기 때문입니다.

그런데 하나님이 창조하셨다는 이 창조에는 크게 두 가지 의미가 있습니다. 하나는 신학으로 설명이 되는 믿음이고, 다른 하나는 과학으로 설명되는 지식입니다.

신학적인 뜻으로 무에서 유를 창조하셨다는 믿음은 목사도 장로도 집사도 평신도도 모르는 사람이 없을 정도로 일평생 믿고 있는 확고한 믿음입니다.

그런데 문제는 무엇입니까?

믿는 자가 왜... 어떻게... 무엇을... 무에서 유가 되도록 하나님께서 창조하셨는지 의문을 갖지 않는다는 점입니다. 왜냐하면 하나님이 창조하셨다고 하는 그 사실만으로도 믿는 자들에게 있어서는 너무도 당연하고 확실한 사실이기 때문입니다.

그런데 혹 하나님의 존재를 믿지 않으면서도 무엇이 어떻게 생겨났는지를 연구하는 사람들이 있습니다. 누구입니까? 믿지 않는 과학자들입니다.

왜 그럴까요? 그들은 하나님의 존재는 믿지 않으면서도 우주와 만물에는 과학적 원리와 법칙이 있다는 것을 알기 때문입니다. 물질에는 어느 것이나 그들 나름대로 물리학적, 생물학적, 화학적, 생명공학적 원리가 있기 때문입니다.

하지만 과학자들의 생각대로 만물의 생성이 하나님의 창조가 아닌 어떤 다른 방법으로 생성이 되었다면 연구가 가능했을까요? 절대로 불가능한 일입니다.

수십 억년이나 오래 되었다는 이론 때문에 과학의 원리가 저절로 생기는 것도 아니고, 빅뱅으로 우주가 생성되었다는 이론으로 과학의 원리가 생기는 것도 아니라는 이야기입니다.

오직 하나님께서 과학적 원리로 창조하셨다고 기록된 창세기만이 그 사실을 확실히 말씀하고 있습니다. 그래서 하나님이 창조하신 우주와 만물에는 과학적 원리가 있기에 연구할 수가 있는 겁니다.

하나님은 말씀의 능력으로 만물을 창조하셨지만 하나님이 만물을 과학적 원리로 창조하셨기 때문에 비록 하나님을 믿지 않는 과학자라도 연구가 가능한 것입니다. 생각해 보세요. 천문학, 생명공학, 유전학, 생물학, 이런 것 과학자가 만들었습니까? 아닙니다. 사람은 연구는 할 수 있지만 과학을 만들 수도 없고 창조할 수도 없습니다. 왜 그렇습니까? 사람은 창조 된 피조물이기 때문입니다.

그런데 그 창조를 신앙인은 믿음으로 받아들이고 있는데 과학자들 중 불신자들은 믿지는 않으면서도 과학의 원리로 연구하고 있다는 이야기입니다.

그렇다면 어느 쪽이 하나님의 창조를 정확하게 증명하는 사람들일까요?
물론 하나님의 창조를 믿는 사람들은 믿음이 더 정확하다 하겠지요?

그런데 문제는 신앙인들 가운데 무에서 유를 창조하셨다는 사실을 믿는 믿음에서 더 발전을 못하고 있는 분들이 많습니다. 창조가 틀림없는 사실이라고 믿으니까 하나님의 창조 사실을 확실히 믿고 있을 뿐입니다.

그러나 성경에는 만물을 과학적 원리로 창조하셨다고 하는 말씀이 있습니다.

그래서 믿음만 고집할 것이 아니라 과학적 방법으로도 연구하라는 말씀입니다.

성경은 믿음만 강조하시는 것이 아닙니다. 과학적 방법도 사용하라는 말씀을 하시는 겁니다. 창조된 만물을 자세히 보고 연구해서 하나님의 계심을 확신하라는 말씀입니다.

롬 1 : 20...“창세로부터 그의 보이지 아니하는 것들 곧 그의 영원하신 능력과 신성이 그가 만드신 만물에 분명히 보여 알려졌나니 그러므로 그들이 핑계하지 못할지니라”

이 말씀은 과학자들에게 하신 말씀이 아닙니다. 믿는 자들에게 하신 말씀입니다.

만물을 보고 연구해서 하나님의 계심을 과학적으로 확인하라는 말씀입니다.

왜냐하면 하나님이 만드신 만물을 보고 연구하면 하나님이 만드셨다는 사실을 분명하게 발견할 수 있다는 뜻입니다.

그런데도 믿는 자들이 과학적 방법으로 연구하는 것이 아니라 믿음이 없는 과학자들이 오히려 만물을 보고 연구하고 있는 실정입니다. 그래서 지금 신자들이 과학자들을 교회로 인도하지 못하고 있는 이유입니다. 오히려 믿는 자들이 첨단문명의 세계로 빠져 들어가고 있는 느낌입니다.

지금 모든 교회가 첨단문명의 기구들을 사용하고 있지 않습니까? 마이크시스템, 컴퓨터 화면영상, 인터넷, 온라인 예배 등 다 문명의 혜택입니다.

그런데 분명히 알아야 될 것은 연구해야 될 그 모든 원리와 자료가 다 하나님으로부터 공급되었다는 사실입니다.

하나님께서 창조하셨다는 사실을 믿는 믿음도 하나님으로부터 온 것이고, 과학을 연구할 수 있는 연구 재료도 하나님이 공급하신 재료라는 사실 알아야 합니다. 하나님께서 과학적 원리로 창조하시지 않았다면 연구할 재료가 없었을 것이라는 뜻입니다.

그런데 하나님이 창조하셨다는 뜻에서 우리가 반드시 알아야 할 것이 있습니다.

첫째 아무것도 없었던 상태에서 무엇인가 있게 되었다면 그 있게 된 모든 것들의 주인은 하나님이시라는 사실입니다. 그것이 우주이든, 만물이든, 생명이 있는 것이든, 사람이든... 그 소유주는 하나님이시라는 사실입니다.

둘째 우주 만물의 시작하신 분이 하나님이고, 우주 만물의 끝을 맺는 종말도 하나님이시라는 사실입니다. 창조에는 말세를 예언하시는 말씀이 있다는 뜻입니다. 쉽게 말해서 사람의 출생과 사망도 하나님의 설계에 있다는 이야기입니다. 하나님이 "나는 알파와 오메가요 처음과 마지막이요 시작과 마침이라"고 하신 이유입니다

셋째 우주 만물의 엄청난 숫자는 처음엔 하나로 시작을 하셨다는 사실입니다. 하늘에 수억의 별들이 있지만 처음에는 지구 하나를 창조하셨습니다.

지금 지구에 80억 인구가 있지만 처음에는 아담 한 사람으로 시작하셨습니다. 그 원리는 사람의 몸에도, 식물의 씨에도 적용이 되고 있습니다.

사람은 처음에 모태에서는 하나의 세포 수정란 하나로 시작했는데 성인에게는 60조 이상의 세포로 몸을 이루고 있습니다. 또 곡식이나 식물은 씨 하나를 땅에 심는데 나중에 열매

를 60배 100배를 수확한다고 하지 않습니까? 하나로 시작하시는 하나님의 지혜로운 설계입니다.

넷째 우주 만물은 저절로 돌아가는 것 같지만 전적으로 하나님이 운행하신다는 사실입니다. 해와 달과 별들로 일자와 연한이 바뀌고 그 많은 하늘에 별들이 서로 충돌하지 않고 위치를 유지하고 있는 것은 하나님의 설계된 운행방법입니다.

또 사람의 몸에 오장 육부가 있지만 태어나서 죽을 때까지 간이나 폐나 심장이 쉬지 않고 움직이는 것은 사람의 의지가 아닙니다. 하나님의 설계입니다.

다섯째 하나님의 지혜와 능력은 사람이 아무리 뛰어난 능력을 가졌다 할지라도 감당할 수가 없다는 사실입니다. 왜냐하면 하나님은 전지전능하시기 때문입니다.

사람이 시간과 공간과 물질을 만들 수 있어요? 불가능합니다. 사람은 무능한 피조물이기 때문입니다.

여섯째 식물과 동물과 사람이 종류대로 번식해 가는 것은 하나님이 하시는 일입니다. 다시 말하면 종류대로 생육하고 번성하게 하시는 분은 바로 하나님이시라는 사실을 알아야

합니다. 식물과 동물과 사람이 스스로의 능력으로 하는 것이
아닙니다.

그 외에도 하나님께서 무에서 유를 창조하신 오묘한 뜻을
알려면 책으로 다 쓸수가 없을 것입니다.

2. 하나님이 창조하신 시간

a) 하나님의 첫 번째 작품은 시간입니다.

시간은 하나님이 무에서 유를 창조하신 첫 번째 작품입니
다. 그런데 시간은 우리 눈으로 볼 수도 없고 확인을 할 수도
없습니다. 하지만 분명한 것은 시간은 있다는 사실입니다. 왜
냐하면 시간이 흐르고 있기에 식물은 자라고 동물과 사람은
늙고 때가 차면 죽는 것입니다. 보이지는 않지만 시간이 있다
는 증거입니다.

"시간이라고 하는 것이 언제부터 생겨났을까요?" 시간은
창조되기 전에는 있을 수 없었던 말일 것입니다. 하나님께서
천지 만물을 창조하시기 이전에는 시간이라는 것이 없었기

때문입니다. 하나님은 영원하신 분이기 때문에 오직 영원 속에 계셨던 것입니다. 그러니까 창조 이전에는 시간이 있을 수도 없고 언제라는 질문도 있을 수 없었을 것입니다.

하나님이 창조하신 피조 세계에서는 언제라고 하는 시간이 참으로 중요합니다. 하나님께서는 창조 첫째 날 시간을 창조하셨고 그 때부터 피조세계가 시간의 역사 속에 존재하게 되었고 언제라는 말을 사용할 수 있게 되었던 것입니다.

하나님의 창조가 언제 이루어졌습니까? 성경에 의하면 "태초에"입니다. 성경 창세기에서 나타나는 이 태초는 물론 우주 만물의 기원입니다. 그 기원 문제가 믿지 않는 과학자들은 수십 억 또는 수백 억 년 전이라고 합니다. 과학자들이 말하기 때문에 믿지 않은 일반인은 물론 믿는 자들마저도 혼동을 하고 있는 대목입니다. 믿는 자들이 하나님의 창조를 믿는다고 하면서도 과학자들의 말을 신뢰하는 경우가 있다는 이야기입니다.

성경이 말하는 태초는 도대체 언제였을까요?
하나님은 태초(영원)부터 계신 분이지만 창세기의 태초는 영원에 계셨던 하나님이 우주 만물을 창조하신 그 순간, 시간이 시작되는 그 순간의 태초입니다. 즉 영원에 계셨던 하나님이 시간이 창조 되던 그 순간에도 계셨다는 이야기입니다. 그런데 창세기에서는 제한 된 시간이 시작되는 그 순간을 태초라고 했다는 말씀입니다. 그러니까 시간의 개념이 없던 영원과 시간이 창조된 순간의 때를 모두 태초라 한다는 이야기입니다. 시간이 창조 된 그 순간부터 시간은 끊어지지 않고 계속 흐르고 있습니다.

여기서 우리가 반드시 기억해야 될 것이 있습니다. 태초부터 흐르고 있는 시간은 언제까지 계속 될 것인가라는 것입니다. 시간도 영원히 흐르게 될 것인가 입니다.

하지만 성경 창세기의 처음에 우주 만물을 창조하신 하나님이 성경 제일 마지막 계시록 22장에서는 "나는 알파와 오메가요 처음과 마지막이요 시작과 마침이라"고 선언하시고 있다는 사실을 알아야 합니다.

무슨 뜻입니까? 창조는 영원을 위한 창조가 아니라 반드시 종말이 있다는 것을 예언하신 것입니다. 요즘 마지막 때의 징조가 보이는 이유입니다. 다시 말하면 성경 첫 장에서 이미 하나님께서 종말도 예언하고 계신다는 암시입니다.

이렇게 하나님께서는 보이지 않는 시간을 종말이 있도록

창조하셨습니다. 시간이 처음과 끝이 있도록 하셨다는 이야기입니다. 그런데 시간은 처음부터 끝까지 연결돼 있어요. 신비한 것은 시간은 보이지는 않지만 과거 현재 미래로 연결되어 흐르는 절대 끊어지지 않는 줄입니다. 또 시간은 똑 같은 속도로 흐르고 있다는 사실입니다. 더 빠르지도 않고 더 느리지도 않습니다.

하나님께서
시간을 창조하시기 이전에도 시간이라는 것이 있었을까?
이미 시간이라는 것이 있었다면
시간을 창조하실 필요가 없었을 것이다.

시간이라는 것이 없었으니까
하나님께서 시간이라는 것이 필요하셔서
시간이라는 것을 설계하시고 창조하셨을 것이다.
그런데
시간은 그 때나 지금이나 보이지 않는 것이다.

우리 눈으로 시간을 확인할 수도 없다.

하지만 우리 눈으로 확인이 안 될 뿐 시간은 분명 있다.
만약 하나님께서 시간을 창조하시지 않았다면
우리는 존재할 수 없었을 것이다.
생명체는 시간 속에서만 생존이 가능하기 때문이다.
시간이 보이지 않기 때문에 혹 사람은
시간의 존재를 모를 수도 있지만
오히려 감각이 없는 식물은 시간을 알고 있는 것 같다.
식물은 사람처럼 생각하는 머리가 있는 것도 아닌데
봄이 오면 새싹이 나고 꽃이 피고 여름엔 열매도 맺는다.
참으로 신비한 일이다.

b) 시간이라고 하는 줄

이 시간에는 생각해 보면 아주 흥미로운 사실이 있습니다.
피조물은 생명체든 비생명체든 모두가 시간이라는 줄에 업혀 있어야 존재할 수 있다는 사실입니다. 특별히 사람은 그 줄에 업혀 있지 않으면 살아갈 수가 없어요. 이거 무슨 뚱딴지 같은 이야기를 하느냐구요? 그래요 듣기에는 상식에 안 맞는 소리 같겠지요. 하지만 잘 생각하면서 들어 보시라구요.

그 시간이라는 줄은 보이지 않는 것 같기도 한데 마음의 눈으로 보면 아주 잘 보이는 줄이기도 합니다. 분명한 것은 어느 생명체든지 생명체는 그 줄 위에 있어야 살아갈 수 있다는 사실입니다. 그 줄은 하나님이 생명체를 위해서 만들어 주셨으니까 생명체가 아무리 강하고 똑똑해도 그 줄을 벗어날 수가 없습니다. 그래서 시간이라는 줄은 한편 생각하면 아주 괴짜입니다. 시간은 창조 이후 지금까지도 쉬지 않고 계속 흘러가기만 합니다. 지치는 법이 없어요. 더 빨리 달리는 법도 없고 더 느리게 달리지도 않습니다. 업혀가는 자가 피곤해 하니까 잠시라도 쉬었다 가자고 하는 법도 없어요. 그렇다고 업힌 자가 잠시 내려서 쉬었다 가겠다고 요청을 할 수도 없어요. 그 줄에서 내리면 내린 자의 생명은 그 순간부터 없어지니까요.

그러면 그 줄이 언제부터 시작 되었느냐구요? 창세기 1장 5절에 "저녁이 되고 아침이 되니 이는 첫째 날이니라" 라는 말씀이 그 시작입니다. 그 후 둘째 날에도, 셋째 날에도 저녁이 되고 아침이 되니... 라는 말이 계속 연결이 되고 있습니다. 태초에 시간을 창조하셨으니 그 때부터 저녁이 되고 아침이 되는 시간이 지금까지도 흐르게 된 것 아닙니까? 그것이 줄입니다. 절대로 끊어지지 않는 줄입니다.

창조 때 저녁이 되고 아침이 되라고 하신 그 시간이라고 하는 줄이 6일 동안 줄로 연결 되더니 6, 7천 년이 지난 지금까지도 계속 연결 되고 있지 않습니까? 끊어지지 않는 시간이라는 줄이지요. 사람은 태어나자마자 그 시간이라는 줄에 업혀서 살게 되어 있습니다. 태어날 때부터 사람은 시간이라는 줄을 떠나서는 살 수가 없어요. 그 때부터 그 줄에 업혀서 흘러가고 있으니까... 그 줄을 떠나는 순간 그 사람은 이 세상에는 없는 사람이지요. 죽을 수밖에 없으니까...

그 시간이라는 줄이 흘러가는 것을 우리는 세월이라고 하잖습니까?

그 줄은 눈에 보이지는 않지만 분명한 것은 사람이 생을 누리고 살아가고 있는 줄입니다. 그러니까 사람은 시간이라는 줄에 올라타고 여행하는 나그네입니다. 나는 시간에 얽매이기 싫다고 시간이라고 하는 줄을 떠나면 죽는 겁니다. 물론 스스로 떠날 수도 없지만요.

그런데 그 시간이라는 줄을 사람이 그냥 타는 것이 아닙니다.

그 줄을 타기 위해서는 생명이라는 줄이 있어야 돼요. 생명줄... 그것도 역시 하나님이 주셔야 되지요. 하나님이 생명의 주인이시니까. 시간이라는 줄을 타기 위해서는 하나님으로부터 생명을 받아가지고서야 시간이라는 줄을 탈 수가 있다는 이야기지요.

그런데 생명이 생명줄이 되는 이유가 있습니다. 생명은 생명을 낳기 때문입니다. 생명이 있는 부모가 생명이 있는 자녀를 낳는 것 아닙니까? 생명은 생명을 낳는 원리입니다. 그래서 생명도 줄입니다. 혹 어떤 사람이 나는 과학자니까. 나는 철학자니까. 나는 유명한 예술가니까 줄 안타도 된다고 자랑할 수도 있겠지요? 하지만 어림없는 소리입니다. 세상에 태어났다는 뜻은 하나님으로부터 이미 생명을 받았다는 뜻이니까요. 그래서 이미 시간이라는 줄에 매였다는 뜻인데 무슨 수로 줄이 필요가 없다고 합니까? 어리석은 생각이지요.

헌데 그 생명이라는 줄을 얻기 위해서는 또 다른 줄을 통해야 된다는 사실을 알아야 됩니다. 그게 또 무슨 줄이냐구요? 핏줄이지요. 혈통이라고 하잖습니까? 성경에도 피는 생명이라고 하십니다. 자식은 조상으로부터 내려오는 핏줄을 통해 부모로부터 생명을 받아가지고 태어나잖아요? 부모의 핏줄을 통해서 태어나기 때문이에요. 하나님은 사람이 핏줄을 통해 태어나도록 설계를 해 놓으셨으니까요. 그래서 성경에도 하나님이 인류의 모든 족속을 한 혈통으로 만드셨다고 하잖습니까? 조상과 부모의 핏줄을 받지 않고서는 사람이 이 세상에 태어날 수가 없는 이유입니다. 그러니까 온 인류가 시조 아담으로부터 한 핏줄로 매여 있는 셈입니다.

그런데 신비한 것은 핏줄을 받아 가지고 태어나는데도 반드시 어떤 증명이 있어야 된다는 사실입니다. 핏줄 없이 또 증명도 없이 세상에 태어나는 사람은 아무도 없으니까요.

그게 무슨 증명이냐구요? DNA 라고 하는 증명입니다. 피는 동물에게도 있고 사람에게도 있는데 아무 피라도 받으면 사람으로 태어나는 것이 아니니까 사람이 되는 증명이 반드시 있어야 된다는 이야기지요. 그게 바로 DNA 라는 증명입니다. 자식이 부모를 닮았다는 뜻이 바로 DNA를 받았다는 증명이잖습니까? 유전자. 그 증명이 있어야 누구의 자식인지 누구의 후손인지 알 수가 있잖겠어요? 그러니까 그 증명도 줄이라고 할 수 있어요. 유전이 되는 줄이니까... 그 증명서가 있어야 그 DNA 로 친부 친자 확인을 할 수가 있는 것입니다. 왜냐하면 자식은 부모를 닮아가지고 세상에 태어나니까 그렇습니다.

그런데 신비한 것은 성경이 그 사실을 증명해 주시고 있습니다.

창세기 1장 26절에

"하나님이 이르시되 우리의 형상을 따라 우리의 모양대로 우리가 사람을 만들고..."라고 하셨습니다.

하나님이 자신의 형상과 모양을 닮은 사람을 만드셨다면 하나님의 DNA를 사람에게 주셨다는 말씀입니다. 그 다음을 이어서 인류의 시조 아담이 자신을 닮은 아들을 낳았고 이어서 모든 후손이 그 아버지를 닮았습니다. 결국엔 나도 하나님의 DNA 를 받았으니 얼마나 감사한 일입니까? 다른 말이 필요가 없습니다. 감사하면서 살아야 합니다.

그 정도면 이미 사람은 반드시 줄 위에 있는 존재라는 것이 분명하지요? 그런데 또 그것을 문서로 증명하는 줄이 있더라구요. 그게 뭐냐구요? 글쎄 그것이 무엇일까요? 족보입니다. 족보는 조상으로부터 누가 누구의 후손이고 누구의 자식인지 기록으로 증명해 주는 증명서잖아요? 사람은 족보 없이 솟아나는 사람이 없으니까... 그래서 그 족보는 성경에도 분명하게 기록이 되어 있지요.

성경에 족보의 시작은 창세기 5장에서 시작이 되잖습니까?

"이것은 아담의 계보(족보)를 적은 책이라 하나님이 사람을 창조하실 때에 하나님의 모양대로 지으시되 남자와 여자를 창조하셨고..."(1-2상반절)라 하셨습니다.

이어서 3절에 "아담은 백삼십 세에 자기의 모양 곧 자기의 형상과 같은 아들을 낳아 이름을 셋이라 하였고"라 기록하고 있습니다.

성경에서의 족보의 시작입니다. 이렇게 5장 전체가 아담의 족보입니다.

또 누가복음 3장의 예수님의 족보를 보면 인류의 시조 아담의 윗조상이 바로 하나님이라고 했잖습니까? 그러니까 조상으로부터 자손에게로 연결되는 줄이라고 할 수가 있는 사람의 족보인데 그 윗조상은 황송하게도 하나님이라는 이야기입니다.

누가 복음에 기록된 예수님의 족보를 일부 소개합니다.

눅 3 : 37-38 "그 위는 므두셀라요 그 위는 에녹이요 그 위는 야렛이요 그 위는 마할랄렐이요 그 위는 가이난이요 그 위는 에노스요 그 위는 셋이요 그 위는 아담이요 그 위는 하나님이시니라."라고 분명히 기록이 되어 있습니다.

우리 인간의 족보라고 생각이 되는데도 그 족보의 주인은 하나님이십니다.

그런데 더욱 신비한 것은 그 줄들을 추적해 보면 줄들의 시작은 모두 하나님이라는 사실이거든요. 하나님께서 온 인류가 줄에 매여 살도록 설계하신 것입니다. 시간의 줄도, 생명의 줄도, 핏줄도, 유전자의 줄도, 족보의 줄도 모두가 그 시작의 주인은 하나님이시라는 사실입니다. 그러니까 그 모든 줄들도, 그 줄에 매인 사람도 그 원주인은 하나님이라는 이야기입니다. 그리고 그 줄의 근본은 시간입니다. 그러니까 하나님께서 자신의 생명을 줄을 통해서 사람에게 주시고 줄에서 벗어나지 못하도록 통제하시면서 사랑을 하고 계신다는 이야기입니다.

그 뿐만이 아닙니다. 세상에서도 사람은 온통 줄에 묶여서 살고 있더라구요. 전기, 수도, 가스, 인터넷, 전화 등, 줄이 아니면 생활을 할 수가 없어요. 사람이 살면서 누리고 있는 모두가 보이는 줄이든 보이지 않는 줄이든 줄이 없으면 사람은 한

순간도 살 수가 없다는 이야기입니다. 그러니까 사람은 언젠가는 그 줄에서 벗어나면 마지막이 되는 겁니다. 줄에서 떠나는 순간 그 사람은 세상을 떠날 수밖에 없으니까요.

한 번만 지나가는 길

사람은 태어나자마자 80평생의 인생 여정을 시작하게 된다.
한 번 지나가면 다시 되돌아 올 수 없는 나그네 인생길이다.
어느 길로 가야하는지
목적지가 어딘지도 모르고
무작정 떠나는 나그네 인생길이다.
그래서인지 처음 떠날 때는 누구에게 물어볼 수도 없고
안내를 어떻게 받는지
누구를 만나야 되는지도 모르는 상태에서 떠나게 된다.

그런데 태어난 지 6개월이 지나고 1년이 지나면서
자기 자신도 모르는 사이에
안내자를 만났다는 것을 느낌으로 깨닫게 된다.
그 첫 안내자가 누구인가?
바로 엄마다.

엄마가 그동안 저를 먹이고 살피고
사랑해 주었다는 사실을 말은 못하지만
느낌으로 깨닫게 되기 때문이다.

성경은 하나님이 하시는 일의 시종을
사람으로 측량할 수 없게 하셨다고 기록하고 있다.
무슨 뜻일까?
하나님께서 창조하실 때부터 마지막 때에 이르기까지
천지만물의 창조와 운행하시는 그 섭리를
사람으로 하여금 알 수 없도록 하셨다는 뜻이다.
하나님께서 만물의 창조와 운행과 마지막에 이르기까지
모든 것을 비밀로 하셨다는 이야기다.

그러니까 인생 여정도
아무 것도 모르는 비밀의 통로를
일생동안 걸어가는 여정이라 할 수 있다는 뜻이다.
마치 사람이 인생 여정을 떠날 때
안내자가 누구인지 모르고 무작정 떠났지만
후에 안내자가 엄마라는 사실을 알게 된 것처럼
하나님의 하시는 일의 시종을 몰랐던 우리가
하나님이 우리의 안내자라는 사실을
알게 되는 것과 같다.

3. 하나님이 창조하신 공간

하나님이 창조하신 공간이라면 빈 공간이지요? 하늘입니다. 하늘이면 허공이라는 이야기입니다. 하나님께서 허공인 하늘을 창조하셨다는 뜻입니다.

그러면 하나님께서 빈 허공을 어디에 쓰시려고 창조하셨을까요? 하나님이 무엇이 그렇게 아쉬워서 아무 것도 없는 빈 공간을 창조하셨을까요? 무에서 유를 창조하셨다면 무엇인가 있는 것을 창조하셨을 것 아닙니까? 그런데 왜 아무것도 없는 보이지 않는 빈 공간(허공)을 창조하셨을까요?

그러면 지금부터 그 문제도 잘 생각 해 보자구요.

하나님이 창조하시기 이전에는 시간도 공간도 물질도 전혀 없었습니다. 하나님이 창조하시면서 시간도 공간도 물질도 생겼어요. 그러니까 우리가 사는 대기권 하늘인 허공뿐 아니라 우주적 하늘도 하나님이 창조하셨습니다. 하나님이 허공을 창조하신 사실이 분명합니다.

그런데 하나님께서 허공을 창조하신 이유가 있습니다.

사람이 살아가기 위해서는 생활공간이 필요하잖습니까?

생활공간, 활동공간, 작업공간, 휴식공간... 공간이 없으면 사람이 살 수가 없어요. 그래서 공간이 사람이 사는데 아주 유익합니다.

예를 들어 부유한 사람은 여유 공간이 많이 있어요. 집이 크다는 이야기입니다.

가난한 사람은 단칸방이나, 쪽방에서 살잖아요? 공간이 적다는 이야기입니다.

하나님께서 사람이 살아가기 좋도록 빈 공간도 만들어 주신 것입니다. 하지만 사람이 경제적 여유에 따라 공간을 많게도 갖고 적게도 가지고 산다는 뜻입니다. 그 허공을 우리는 하늘이라 부르는데 하늘에는 우주적 하늘과 대기권이 있어요.

그런데 허공인 하늘 창조에 얼마나 관심을 많이 가지셨으면 하나님께서 우주 만물을 6일 동안 창조하셨는데 그 중 허공은 하루를 전부 사용하셨을까 생각이 되는 것입니다. 아무것도 없는 허공을 만드시는데 하루 종일을 사용하셨다는 이야기입니다.

둘째 날 "하나님이 이르시되 물 가운데에 궁창이 있어 물과 물로 나뉘라 하시고 하나님이 궁창을 만드사 궁창 아래의 물과 궁창 위의 물로 나뉘게 하시니 그대로 되니라 하나님이 궁창을 하늘이라 부르시니라 저녁이 되고 아침이 되니 둘째 날이니라"(창 1 : 6-8)고 하셨습니다. 이처럼 하늘을 창조하시는데 하루를 전부 할애하셨어요..

그럼 왜 허공을 만드셨을까요?

생명체가 살기 위해서는 반드시 적당하게 좋은 기후와 환경이 필요하기 때문이었습니다. 그래서 대기권 하늘을 만드신 것입니다. 환경이 좋았다는 것 무엇으로 증명이 되는지 보십시오.

창조 이후 노아 홍수가 있기 전까지 그 때는 나무도 거목이었고 짐승들도 매머드(mammoth)였고 사람도 900년 이상을 살았습니다.

하지만 노아 홍수 후부터 모두 수명이 짧아졌어요. 지구상에는 그 때처럼 큰 나무도 없어졌고 동물들 중에 큰 짐승들도 사라졌습니다. 환경이 중요한 이유입니다.

지금도 나무의 종류에 따라 환경이 좋은 곳에서는 3천년 이상 살면서 거목이 된 곳이 있습니다.

예를 들면 미국의 red wood national park에는 키가 100m가 넘는 거목들이 지금도 있습니다. 환경의 영향이 있다는 증거입니다.

하나님의 두 번째 작품 : 하늘(공간)

시간이 우리 눈에 보이지 않는 것처럼 공간도 보이지 않습니다. 상식적으로는 비어있다고 생각이 되기 때문입니다. 하지만 하나님이 만드신 궁창, 윗물과 궁창 아랫물 사이 즉 대기권 하늘은 비어 있는 것이 아니라 질소 78% 산소 21% 기타 1%의 공기로 채워 있습니다. 그래도 우리는 그곳을 공간(궁창, 하늘)이라고 합니다. 그런데 하나님께서 공간을... 비어있는 창고를 거저 사용하라고 주신 것처럼 주신 것이 아닙니다. 그 공간에 사는 사람을 포함해서 모든 생명체들이 살기에 가장 적합한 환경을 만들어 주셨다는 사실입니다. 그 사실은 설명할 필요가 없습니다. 우리가 살고 있는 지구 이외의 우주에는 수억의 별들이 있지만 생명체가 살 수 있는 별은 오직 지구밖에 없습니다. 왜입니까? 생명이 살 수 있도록 환경이 좋은 별은 하나님께서 만드신 지구뿐이기 때문입니다.

그런데 하나님은 왜 그렇게 넓고 환경이 좋은 큰 공간을 창조하셨을까요? 우리가 보기에는 별로 쓸모가 없어 보이는데요. 거기에는 아주 중요하고 뜻 깊은 하나님의 지혜가 있습니다. 시간이 하나님에게 속한 것이라면 공간은 피조물에게 자유롭게 활용하라고 주신 작품이라고 할 수 있기 때문입니다. 다시 말해 하나님에게 속해 있는 시간은 피조물인 우리 인간이 변경할수도 없고 다시 조정해서 사용할 수도 없습니다. 더 늘릴 수도더 좁힐 수도 없습니다. 하지만 공간은 피조물들이나 사람이마음대로 활용할 수 있는 활동공간이고 생활공간입니다.

그래서 공간에서 식물들은 제 뜻대로 봄이면 새싹이 나서 자라고 아름다운 꽃도 피우고 맛있는 열매도 맺고 그럽니다. 물론그것을 우리는 하나님의 섭리하고 합니다. 또 사람은 그 공간에건축물도 짓고 기차 자동차도 만들어 왕래하고 비행기도 만들어 공중을 마음대로 날라 다니기도 합니다. 그리고 로켓트도 만들어 달에도 가고 화성에도 목성에도 탐사를 가기도 합니다. 그런 활동은 하나님께 묻지 않아도 얼마든지 가능합니다. 왜냐하면 하나님께서 사람에게 허락하신 활동 공간이기 때문입니다.

마찬가지로 사람이 집을 자기의 설계대로 지으면 집 안은 우선비어 있는 공간으로 만듭니다. 왜냐하면 활동공간이요 생활공간이기 때문입니다. 그래서 집안 공간에 거실은 어느 쪽으로할까, 부엌은 어디로 할까, 화장실은 어떻게 꾸밀까, 침실은 몇개나 만들까 등등, 위치와 장소를 물색해서 만듭니다. 그 역시하나님께 묻지 않아도 됩니다. 왜냐하면 하나님께서 피조물들에게 자유롭게 활용하도록 생활공간으로 만들도록 허락해 주셨기 때문입니다.

4. 하나님이 창조하신 물질

하나님이 우주 만물을 창조하신 첫날 시간과 공간과 물질을 창조하셨습니다. 무에서 유를 창조하셨다는 뜻이었습니다. 그중 시간과 공간은 무에서 유로 창조된 것이지만 보이지 않는 창조물이고 물질은 무에서 유가 되었는데 정확히 보이는 창조물입니다.

그런데 시간과 공간은 창조 전에도 보이지 않았을 것이고 창조 후에도 보이지 않기 때문에 시비하는 사람이 없겠지만 물질은 어떻게 아주 없던 것이 이렇게 보일 수 있겠느냐 상식적으로 맞지 않는다, 라고 의문을 갖는 사람이 있을 것입니다. 하지만 믿는 우리는 하나님의 능력이 우주 만물을 창조하셨다고 믿고 있습니다. 즉 하나님의 에너지가 물질이 되었다는 이야기입니다.

그렇다면 에너지가 과연 물질이 될 수 있을까요?
그런데 물리학에서는 에너지는 곧 물질이고 물질은 곧 에너지라고 하는 이론이 밝혀진 것으로 압니다. 그 이론은 믿음이 아니고 과학입니다.

하지만 하나님께서 무에서 유를 창조하신 물질은 성경이 흙(지구, 땅)으로 표현하고 있습니다. 즉 지구라면 흙이나 물, 각종 광물질도 모두가 하나님이 창조하신 물질에 속하는 것입니다.

첫째 날 창조하신 물질은 그 후 우리 눈으로 보이는 모든 만물의 재료가 되고 있습니다. 각종 식물들도 각종 동물도 각종 건축물도 각종 기계도 우리 눈에 보이는 모든 것들이 다 물질로 만들어진 것들입니다.

신비한 것은 흙으로 생명체들도, 동물도 사람도 만드셨다는 사실입니다.

동물의 몸도 사람의 몸도 흙입니다. 신비한 것은 흙으로 살아있는 살도 피도 뼈도 간장도 심장도 폐도 만드셨다는 이야기입니다.

창 2 : 7 보세요. "여호와 하나님이 땅의 흙으로 사람을 지으시고 생기를 그 코에 불어넣으시니 사람이 생령이 된지라"

흙으로 된 몸에 하나님의 생명을 불어 넣어주셨어요. 그래서 사람이 살아있는 생명체가 된 것입니다.

하지만 동물을 보세요. 그들도 살이 있고 피가 있고 뼈가 있습니다. 사람과 다른 점이 없습니다. 그런데 그들에게는 사람과 같은 생각과 마음과 판단력이 없어요. 언어도 음악도 계획도 장래의 소망도 없습니다. 똑 같은 흙으로 만들었는데 사람과는 전혀 다릅니다. 하지만 하나님이 창조하신 물질을 재료로 만들어진 것만은 사실입니다.

전도서 3：19-21 "인생이 당하는 일을 짐승도 당하나니 그들이 당하는 일이 일반이라 다 동일한 호흡이 있어서 짐승이 죽음 같이 사람도 죽으니 사람이 짐승보다 뛰어남이 없음은 모든 것이 헛됨이로다.
다 흙으로 말미암았으므로 흙으로 돌아가나니 다 한 곳으로 가거니와 인생들의 혼(영)은 위로 올라가고 짐승의 혼(영)은 아래 곧 땅으로 내려가는 줄을 누가 알랴"

같은 재료(물질)를 가지고 창조하셔도 하나님의 설계에 따라 다르게 창조하실 수 있다는 뜻입니다.

해가 태양계의 중심일까?

우리가 세상에 태어나 살면서
매일 만나야 하고 매일 우리에게 혜택을 주는 천체가 있다면
바로 지구와 해(태양)일 것이다.
지구는 우리에게 의식주를 공급하는 땅이고
해는 매일 우리에게 빛과 생명력을 공급하는 광명체(태양)이다.

우리가 아는 바로는 해와 지구는
예를 들어 해가 100이라고 한다면
지구는 1도 못되는 아주 작은 별에 불과하다고 한다.
해의 둘레를 8개의 행성이 공전하기 때문에
8개의 행성이 해로부터 떨어져 나온 것이라고 생각할 수도 있다.
해가 태양계 행성들의 중심이라 생각을 하게 되는 것이다.

그렇다면 태양계의 중심은 과연 해일까?
성경에 의하면 하나님께서 지구는 첫째 날 만드셨고
해는 넷째 날 만드셨다는 사실을 알게 된다.
그러면 하나님이 지구를 첫째 날 만드셨다는 뜻이 무엇일까?
해가 태양계의 중심이 아니라
지구가 태양계의 중심역할을 하는 별이라는 뜻이다.
그래서 지구에만 생명체와 사람이 살 수 있게 하신 것이 아닐까?

과학자들이 지구를 제외한 모든 별들 특히 화성이나 목성에서
생명체의 흔적을 발견하지 못하는 이유가 무엇일까?
생명체가 살 수 있는
물이나 기후조건이 되지 못한다는 뜻일 것이다.

5. 하나님이 있으라고 명령하신 빛

1절에 시간과 공간과 물질은 하나님이 창조하셨다고 기록하고 있습니다.

헌데 3절에는 빛이 있으라고 명령을 하셨습니다. 창조하신 것이 아니라는 뜻으로 들립니다. 왜냐하면 성경이 말씀한 대로 빛은 하나님이고 예수님이시기 때문입니다. 만약 빛을 창조하셨다면 하나님도 예수님도 피조물이 되는 겁니다.

영어 성경에는 첫째 날의 빛도 넷째 날의 태양도 다 Light로 기록하고 있습니다. 그러나 첫째 날의 빛은 하나님이고 예수님이기에 생명력이요, 에너지입니다. 그리고 넷째 날의 빛은 해를 통해 비춰게 하는 Light입니다.

그러면 단어는 뜻이 같은 빛(light)인데 무엇이 다르냐? 라는 질문을 할 수 있습니다. 첫째 날 있으라고 하신 빛은 하나님이 창조하신 세상에 생명과 생명력을 공급하는 에너지원으로 존재하도록 하신 빛입니다. 그래서 하나님과 예수님을 빛이라고 하신 것입니다.

성경 몇 절 보시겠습니다.

> 시편 27 : 1 "여호와는 나의 빛이요 나의 구원이시니 내가
> 누구를 두려워하리요 여호와는 내 생명의 능력이시니 내
> 가 누구를 무서워하리요"
> 요 8 : 12 "...나는 세상의 빛이니 나를 따르는 자는 어둠
> 에 다니지 아니하고 생명의 빛을 얻으리라"
> 요 1 : 4 "그 안에 생명이 있었으니 이 생명은 사람들의
> 빛이라"

빛은 곧 생명이요 생명의 능력입니다.

넷째 날 하늘에 두신 해(태양)는 빛을 세상에 비춰게 하는 빛입니다. 그러니까 빛이기는 하되 용도와 임무가 첫째 날의 빛과는 전혀 다릅니다.

첫째 날의 에너지원으로서의 빛을 받아 전달하는 역할을 하는 빛이 바로 넷째 날의 태양이라는 뜻입니다. 그러기에 햇빛을 받지 못하면 생명체는 심각할 정도로 생명에 손상이 있을 수 있습니다.

그러나 해와 달과 별들은 그들대로 확실한 역할이 있습니다.

> 창 1 : 14 "하나님이 이르시되 하늘의 궁창에 광명체들이
> 있어 낮과 밤을 나뉘게 하고 그것들로 징조와 계절과 날

과 해를 이루게 하라."고 명령하셨습니다.

첫째 날의 빛과 넷째 날의 빛이 서로 임무와 용도가 다르다는 뜻입니다.

이해를 돕는 글--3

하나님은 준비 없이 창조하셨을까?

사람이 집을 한 채를 지으려고 해도 생각이 있고, 준비가 있고, 설계가 있다.
준비도 없이, 순서도 없이, 무작정 집이 지어지는 것이 아니라는 뜻이다.
어떤 예술품도, 건축물도, 사업체도, 국가도, 교회도... 마찬가지다. 모두 준비단계가 필요하다는 이야기다. 머릿속으로 구상을 하든지, 설계도를 그리든지, 아니면 어떤 계획을 세우든지, 반드시 그런 예비적인 준비가 필요하다는 뜻이다.

그런데 하나님은 우주 만물을 창조하시는데 아무런 준비도 하시지 않았을까?

하나님은 전지전능하시니까, 준비도 계획도 할 필요가 없으셨던 것일까?

만약 그렇다면 하나님께서 어떤 준비나 계획이 없이 창조하셨는데도 이처럼 질서가 있고, 과학의 법칙에 잘 맞도록 창조된 이유는 무엇일까?

세상적인 상식으로는 하나님도 분명 계획과 설계를 하셨을 것이라고 짐작이 가는 대목이다. 준비나 설계가 없이 이토록 신묘막측한 제품이 창조 될 수 있다는 사실은 사람의 상식으로는 받아들일 수가 없기 때문이다.

만약 하나님의 창조 최종 목적이 사람이 분명하다면...

또 육일 동안 창조하신 순서를 자세히 살펴보면, 우주와 지구는 과연 하나님이 지적으로 설계하셨다는 것을 짐작할 수가 있다.

하나님이 사람을 만드시면서 하신 말씀이 무엇인가?

"우리의 형상을 따라 우리의 모양대로 우리가 사람을 만들자." 라고 하셨다.

이는 분명 사람을 만들기 위해 하나님이 마음으로부터 계획하고 작정하고 준비를 하셨다는 뜻이다. 우리의 형상대로 설계를 해서 사람을 만들자는 계획인 것이 분명하다. 그 뿐인가, "바다의 고기와 공중의 새와 육축과 온 땅과 땅에 기는 모든 것을 다스리게 하자."고도 하셨다.

사람을 만드시는 이유까지도 만물을 다스리도록 미리 계획하셨다는 뜻이다.

하나님이 사람을 만드실 목적이었고, 그래서 사람을 만드시기 위해 우주와 지구를 사람이 살기에 적합하도록 먼저 설계를 하셨고, 만물을 다스릴 권한까지 사람에게 주셨고, 제일 나중에 사람을 창조 하셨다면 설계가 확실하다는 이야기다.

그렇다면 육일 동안의 창조 사역을 통해서 하나님이 준비하고 설계하신 흔적을 볼 수 있을까? 제품에 재료가 필요하듯, 하나님은 만물 창조를 위해 첫째 날 창조의 재료를 만드셨다. 그 재료가 무엇인가?

"태초에 하나님이 천지를 창조하시니라."라는 말씀은 시간(태초)과 궁창(하늘)과 지구(땅)를 창조하셨는데 그것은 6일간 만드실 만물의 재료로 창조하신 것이다.

그 다음 앞으로 창조하실 모든 생명체를 위해 빛이 있도록 하셨다. "빛이 있으라 하시매 빛이 있었고"

둘째 날은 첫째 날 만드신 하늘을 재료로 생물체가 생존하는데 적합하도록 환경을 만드셨다. "하나님이 궁창을 만드사 궁창 아래의 물과 궁창 위의 물로 나뉘게 하시매 그대로 되니라." 생명체가 살기 위해 좋은 환경이 필요해서다.

셋째 날에는 첫째 날 만드신 재료인 혼돈하고 공허하고 물로 둘러싸인 지구(땅)를 가지고 바다와 땅을 구분 하셨다. "천하의 물이 한 곳으로 모이고 뭍이 들어나라 하시매 그대로 되니라." 생명체가 살 수 있는 터전이 필요해서다. 그리고 즉시 그 드러난 땅에는 식물들이 나도록 하셨다.

넷째 날에는 둘째 날 만드신 궁창에 해와 달과 별들을 두셨다. 시간과 절기와 천체의 착오 없는 운행을 위해서다.

다섯째 날에는 셋째 날 바다와 땅(뭍)을 나뉘게 하셨는데, 지구 위에서 먼저 땅을 초월해 사는 물고기와 공중을 날으는 새들을 만드셨다.

여섯째 날에는 땅에 사는 짐승들을 만드시고 제일 마지막에 사람을 만드셨다.

이 창조의 순서가 우연일까, 신화일까, 아니면 지적 설계에 의한 것일까?
이 순서를 보면 하나님께서 준비하시고 창조하셨다는 것이 확실하지 않은가?
하나님은 무엇을 하시든지 충분히 준비하고 계획하신 분이시다.

주는 주의 힘으로 산을 세우시며 권능으로 띠를 띠시며
바다의 설렘과 물결의 흔들림과 만민의 소요까지 진정하시나이다
시편 65:6-7

다

창세기의 6일
창조 요약

창세기의 6일 창조 요약

첫째 날

시간과 공간과 물질을 창조하셨다. 물이 지구를 덮도록 만드셨고 빛이 존재하도록 명령하셨다.

둘째 날

궁창 위 물과 궁창 아래의 물로 나뉘게 하셔서 궁창(창공 : 대기권 하늘)을 만드셨다. 앞으로 창조하실 생명체들을 위해 살기에 적당한 기후를 만드시기 위해서였다.

셋째 날

궁창 아래의 물을 한 곳으로 모으게 하셔서 바다를 만드시고 뭍(대륙)이 드러나게 하셨다. 그리고 땅에서는 풀과 씨 맺는 채소와 씨 가진 열매 맺는 나무를 종류대로 땅에서 나도록 명령하셨다.

넷째 날

하늘의 궁창(우주적 공간)에는 광명체(해, 달, 별들)를 두어 땅을 비추게 하시고 그것들로 징조와 계절과 날과 해(年)를 이루게 하셨다.

해(태양)로는 낮을 주관하게 하시고 달로는 밤을 주관하게 하셨다.

다섯째 날

물에서는 생물이 번성하게 하시고 하늘에서는 새들이 날도록 하셨다.

바다에는 큰 바다 짐승(고래, 바다사자, 물개 등)과 물에서 번성하는 모든 생물을 종류대로 만드셨고, 하늘에는 날아다니는 새들을 종류대로 창조하셨다. 그리고 그들에게 복을 주시며 생육하고 번성하라고 하셨다.

여섯째 날

땅은 생물을 종류대로 내되 가축과 땅에 기는 것과 짐승을 종류대로 내라고 하셨다.

그리고 여섯째 날 제일 마지막에 하나님의 형상과 모양을 닮은 사람을 창조하시되 남자와 여자를 창조하셨다.

그 창조하신 사람에게 복을 주시면서 생육하고 번성하라고 하셨다. 그리고 사람에게 바다의 물고기와 하늘의 새와 가축과 온 땅에 기는 모든 것을 다스리도록 권한을 주셨다. 사람에게는 온 지면의 씨 맺는 모든 채소와 씨 가진 열매 맺는 모든 나무를 먹을거리로 주셨다.

그리고 땅의 모든 짐승과 하늘의 모든 새와 생명이 있는 모든 생물들에게는 모든 푸른 풀을 먹을거리로 주셨다.

하나님께서 계획하신
특별한 사역돌

라.

하나님께서 계획하신 특별한 사역들

하나님께서 하시는 일은 그야말로 신묘하다. 그 계획을 사람이나 어느 누구와도 의견을 나눌 수 없어 하나님 스스로 하셨기 때문에 신비하고도 신묘할 수밖에 없을 것이다. 다음은 하나님께서 특별히 계획하신 사역들을 보기로 하자.

1. 창조라는 단어

일반적으로 우리는 하나님께서 6일간을 창조하셨다고 알고 있다. 하지만 우리가 전지전능 하신 하나님께서 창조를 왜 6일간이나 하셨을까 의문을 갖지 않을 수 없을 것이다. 그런데 창세기 1장의 창조기록에는 창조라는 단어가 3번밖에 기록되지 않았다.

왜 그럴까? 그것은 하나님께서 진정한 창조는 3번밖에 안 하셨다는 뜻일 것이다. 그리고 다른 사역들은 모두 만드셨다, 나뉘다, 드러나다, 내라, 등 명령으로 하셨다.

창 1 : 1절에...

"태초에 하나님이 천지를 창조하시니라"

21절에...

"하나님이 큰 바다 짐승들과 물에서 번성하여 움직이는 모든 생물을 그 종류대로 날개 있는 모든 새를 그 종류대로 창조하시니 하나님이 보시기에 좋았더라"

27절에...

"하나님이 자기 형상 곧 하나님의 형상대로 사람을 창조하시되 남자와 여자를 창조하시고" (여기서는 창조라는 단어가 2번이지만 한 사건이다).

여기서 1절의 창조는 우주 만물의 창조이기 때문에 당연히 하나님께서 창조하신 것이지만 1절의 창조물들은 생명을 가진 것들이 아니다.

그리고 21절의 창조는 살아서 움직이는 혼적 생명체이기 때문에 창조하셨다는 뜻일 것이다.

또 마지막 27절의 창조는 혼적 생명체와는 전적으로 구별

되는 인간이기 때문에 창조하셨다고 한 듯하다. 사람은 하나님의 형상을 닮은 영적 존재이기 때문에 영적 생명인지라 창조하셨다고 하신 것이 당연하지 않을까 생각이 된다.

2. 수면 위에...

지구라고 하면 흙으로 만들어진 공과 같은 둥근 모양이라고 생각을 할 수 있다. 그런데 창 1 : 2절에 보면...

> "땅이 혼돈하고 공허하며 흑암이 깊음 위에 있고 하나님의 영은 수면 위에 운행하시니라."라고 기록되어 있다.

하나님께서 지구를 만드실 때 아직 완전한 형태를 갖추기 직전의 모습을 보는 듯 하다. 그 때 하나님의 영(성령)도 창조에 참가하셔서 수면 위에서 운행하고 계신다고 하였다. 지구라고 하면 흙으로 된 공과 같은 모습이어야 하는데 땅 위에가 아니라 수면 위에 운행을 하셨다면 물이 그만큼 많았다는 뜻이 된다. 땅을 물로 완전히 덮고 있는 상태이기 때문에 땅 위에 운행하신 것이 아니라 수면 위에 운행하실 수밖에 없었기 때문이다. 지금도 지구 표면을 70%나 바닷물이 덮고 있는 것을 보면 창조 첫째 날 이미 그만큼 물을 많이 만드셨다는 것을 짐작할 수 있을 것이다.

3. 궁창이라는 말

궁창이라는 말은 믿지 않을 때는 전혀 듣지도 쓰지도 않던 희귀한 말이다. 궁창은 창공, 넓은 공간, 허공 등으로 이해할 수 있는 말이다.

그러면 하나님께서 창조 둘째 날 윗물과 아랫물로 나누신 궁창은 어떤 것일까? 그 궁창은 대기권 하늘이라고 할 수 있다. 결국 대기권 하늘도 창공이고 넓은 공간이고 허공임에는 틀림이 없다.

그렇다면 하나님께서 왜 그렇게 넓은 허공을 만드셨을까? 그것도 거대한 우주 만물을 6일이나 걸려 창조하시면서 시간도 아까운데 그 6일 중 하루 전체를 할애해서 허공을 만드신 이유가 무엇일까?

한마디로 앞으로 창조될 생명체들에게 살기에 아주 적합한 환경을 만들어 주시기 위해서라고 할 수 있다. 그러기에 다른 어떤 별에도 생명체가 살지 못하는데 지구만 생명체가 살고 있다는 것은 바로 하나님이 만들어 주신 적당한 온도와 환경이라고 할 수 있다. 그렇게 적당한 온도와 환경을 만드시기 위해서 궁창을 만드신 것이다.

그 뿐만이 아니다. 창조 후 노아 홍수로 기식(호흡)이 있는 생명체들을 멸하시기 전까지는 나무들은 거목이 지구상에 있었고, 짐승은 매머드들이 살았고, 사람도 거인들이 살았다. 그래서 그 때는 사람이 900년 이상을 살았다는 사실을 성경으로 증명하고 있지 않는가? 그 모든 것이 좋은 환경 때문이다.

지금도 지구상에 온도와 환경이 좋은 지역에서는 그 환경에 맞으면 3천년 이상까지도 거목으로 자라고 있는 나무들이 있다. 바로 레드우드 국립공원이나 쎄콰이어 국립공원에는 지금도 100m 이상 자란 거대한 나무들을 쉽게 볼 수 있다.

4. 각기 종류대로

언제부터인가 지구촌에는 식량이 부족하고 각종 식품의 생산이 줄어들고 있다. 특히 농가에서는 혹 해충들이 자라나는 농산물에 피해를 끼치면 농사를 망하게 할 수도 있게 된다. 그래서 해충으로부터 피해를 받지 않도록 하기 위해 유전자 변형(일명 유전자 조작)을 하고 있다. 농산물에 피해를 예방하고 식량 생산을 높이기 위해서라고 한다. 문제는 유전자가 변형이 되면 본래의 식물이 아닌 변형된 식물이기 때문에 우리가 전에 먹던 종류의 식물이 아닐 수도 있다는 이야기가 된다. 예를 들어 지금 우리가 변형된 토마토를 먹는다면 전에 먹던 토마토와는 그 품질이 다를 수 있다는 뜻이다.

하나님께서는 창조 때 이미 "각기 종류대로"라고 하신 이유는 유전자 변형하는 것을 금하고 있다는 뜻이다. "각기 종류대로"라고 하신 것은 식물에게도 동물에게도 다 해당이 된다. 모든 식물도 동물도 그 본래의 종류를 유지하라는 뜻이 아닐까.

5. 하나님만이 주실 수 있는 복

하나님께서는 사람에게 복을 주시려는 계획을 창조 때 이미 하셨다는 사실이다. 그런데 사람들은 하나님이 주실 수 있는 복을 사람들끼리 서로 복을 받으라고 권한다. 물론 축복하는 행위이기는 하지만 복은 사람이 복 받으라고 해서 복 받는 것이 아니기 때문이다. 하나님만이 복을 주실 능력과 권한이 있고 복을 주시겠다고 약속하실 수 있다.

그러면 복이 과연 무엇일까?

사람은 제한 된 존재니까 사람의 노력으로는 가질 수 없는 것들이 있다. 그런 문제를 해결하고 갖도록 해 주시는 것 그것이 복이다.

예를 들어 사람은 스스로 태어날 수가 없다. 그런데 생명을 주셨을 뿐 아니라 장수도 주셨다면 그것은 하나님께서 주신 복이라 할 수 있다. 즉 사람의 능력으로는 받아 누릴 수 없는 그 풍성함을 주시는 분이 하나님이신데 그 풍성함이 바로 복이라는 뜻이다.우선 하나님께서 창조하시면서 복을 주신 사건을 보도록 하자.

창세기 1 : 22 "하나님이 그들에게 복을 주시며 이르시되
생육하고 번성하여 여러 바닷물에 충만하라 새들도 땅에
번성하라 하시니라"

여기서는 생육하고 번성하는 것이 하나님이 주시려는 복이다. 생육하고 번성하는 것은 사람의 능력으로 하는 것이 아니다. 하나님이 주셨기에 그것이 복이다. 그 복으로 인하여 물에 사는 생명체는 바다에 충만하고 나는 생명체인 새는 땅에서 번성하라는 것이다. 그것이 하나님이 움직이는 생물들에게 주시는 복이다.

> 창 1 : 28"하나님이 그들(사람)에게 복을 주시며 하나님이 그들에게 이르시되 생육하고 번성하여 땅에 충만하라. 땅을 정복하라. 바다의 물고기와 하늘의 새와 땅에 움직이는 모든 생물을 다스리라 하시니라."

사람에게 주시는 복도 일차적으로는 생육하고 번성하는 것이다. 그리고 땅을 정복하고 모든 생명체들을 다스리도록 하는 것, 바로 그것이 복이다. 움직이는 동물들에게 주신 복에 비하면 그 복의 범위가 넓어졌다.

그런데 창조때에는 은혜로 사람에게 복을 주셨지만 그 후부터는 약속으로 복을 주시는 것을 볼 수 있다.

> 창세기 12 ; 2-3"내가 너로 큰 민족을 이루고 네게 복을 주어 네 이름을 창대하게 하리니 너는 복이 될지라. 너를 축복하는 자에게는 내가 복을 내리고 너를 저주하는

자에게는 내가 저주하리니 땅의 모든 족속이 너로 말미암아 복을 얻을 것이라 하신지라."

복을 줄 자에게도 약속으로 복을 주시고, 저주할 자에게도 약속으로 저주하신다는 뜻이다

6. 가축과 짐승

가축과 짐승이 어떻게 다른가? 넓은 의미로는 가축도 짐승임에는 틀림이 없을 것이다. 그런데 성경 창세기에서는 가축과 짐승을 별개인 것처럼 기록하고 있다. 우선 영어성경을 보면 설명을 하지 않아도 깨달을 수가 있을 것이다.

가축은 livestock으로 기록되어 있고, 짐승은 wildanimal로 기록하고 있다. 다시 말해서 인간이 이용하기 위해서 기르는 동물을 가축이라고 한다. 그러나 짐승은 들이나 산에서 누구의 간섭도 받지 않고 사는 동물이다.

지혜로 하늘을 지으신 이에게 감사하라 그 인자하심이 영원함이로다
땅을 물 위에 펴신 이에게 감사하라 그 인자하심이 영원함이로다
시편 136:5-6

마

창조는 하셨는데
보이지 않는 것들

마.

창조는 하셨는데 보이지 않는 것들

하나님께서 분명 창조는 하셨는데 성경에 기록이 없는 단어나 말들이 있다. 그 중 몇 가지를 예로 들어보자.

1. 에너지원

창조 첫째 날에는 빛이 있으라고 하신 말씀이 있다. 그 빛은 넷째 날 만드신 광명체(해와 달)와는 다른 빛으로 주로 에너지원으로 알고 있는 빛이다. 하나님은 전지전능하신 분이시기에 하나님의 능력이라 할 수 있는 에너지로 창조하셨다고 볼 수 있기 때문이다. 만약 하나님의 그 능력 즉 에너지가 없었다면 과연 창조사역이 가능했겠는가 생각해 볼 수 있다. 그 에너지가 만물도 창조하셨고 생명도 있게 하셨다는 사실이다.

요한복음 1 : 3-4 "만물이 그로 말미암아 지은 바 되었으니 지은 것이 하나도 그가 없이는 된 것이 없느니라. 그 안에 생명이 있었으니 이 생명은 사람들의 빛이라."

만물이 하나님의 능력으로 무에서 유가 되었는데 하나도 그 능력(에너지)이 아니면 있을 수가 없다는 것이다. "그 안에 생명이 있었으니..." 생명은 생물학적 생명도 있고 영적 생명도 있다. 어느 것이든 하나님의 말씀으로 창조되었다. "이 생명은 사람들의 빛이라." 즉 생명 속에는 빛이 없으면 생명으로 존재할 수가 없다. 그 빛은 바로 하나님의 에너지인 것이다. 그런데도 에너지라는 말은 성경에 없다하지만 하나님은 3절에서

"하나님이 이르시되 빛이 있으라 하시니 빛이 있었고"

라고 하셔서 빛이 세상에 존재하게 되었다. 그 빛이 바로 에너지원이다.

2. 소금

소금은 우리가 살면서 매일 섭취해야만 하는 생명체에 절대적으로 필요한 물질이다. 세상 어디서나 볼 수 있는 소금인데 하나님이 창조하시지 않했을 리가 없는 물질이다. 그런데 정작 창세기 첫 장에서는 소금이라는 단어가 없다는 것은 이상한 일이 아닐 수 없다. 하지만 분명한 것은 하나님께서 창세기 첫 장에서 소금을 창조하신 것만은 사실이다. 하나님이 이미 첫 장에서 물을 창조하셨기 때문이다.

하지만 하나님께서 창조하신 물은 물이되 사람이 먹을 수 없는 물을 창조하신 것이다. 하나님께서는 그 물을 땅이 보이지 않도록 땅을 덮을 만큼 많이 창조하셨다. 그렇게 많은 물을 하나님께서는 둘째 날 궁창 위의 물과 궁창 아래의 물로 나누신 다음 셋째 날 궁창 아래의 물을 다시 육지와 바다로 나누셨다. 하나님께서는 궁창 아래의 물만을 가지고서도 바다를 이룰 정도로 많은 물을 창조하셨다는 것을 알 수 있다. 그런데 그 바닷물이 무슨 물인가? 바로 소금물이다.

창세기 1 : 19 "하나님이 뭍을 땅이라 부르시고 모인 물을 바다라 부르시니 하나님이 보시기에 좋았더라."

하나님께서 첫째 날 창조하신 물을 셋째 날 물과 뭍(육지)으로 구별한 내용이다.

바다가 무슨 물인가? 바다는 보통 민물이 아니다. 소금물이다. 염분이 3.5%가 녹아 있는 물이다. 그래서 사람이 바닷물을 생활용수로는 사용하지 못하는 것이다. 결국 하나님께서는 소금을 창조하셨다고는 말씀하시지 않았지만 소금물을 만드셨다는 뜻은 바로 소금을 창조하신 뜻으로 알 수 있다는 이야기다. 그런데도 소금을 창조하셨다고는 말씀하시지 않았다.

3. 유전자(DNA)

유전자(DNA) 생명공학에서 많이 쓰고 있는 말일 것이다. 하나님께서 분명 유전자를 창조하셨을 것인데도 창조 후 6천 년이 넘도록 사용하지 않았던 단어가 과학자에 의해 DNA 라는 이름으로 발견되어 많은 사람의 입에 오르내리고 있는 상태다. 그렇다면 하나님이 창조하신 사람의 몸 속에 있는 DNA 는 과학자가 발견한 것이니까 하나님이 창조하신 것이 아니라고 할 수 있겠는가? 하지만 성경에는 없는 단어지만 하나님께서 창조하신 것이 분명하다.

DNA는 자식이 부모를 닮아 태어나게 되는 유전자다. 모양도 성품도 많이 닮아 태어난다. 그래서 DNA로 친부친자 확인을 할 수 있는 것이다.

> 창세기 1 : 27 "하나님이 자기 형상 곧 하나님의 형상대로
> 사람을 창조하시되 남자와 여자를 창조하시고"

사람이 하나님을 닮게 하는 인자가 무엇인가? 바로 성경에는 기록이 없으나 유전자(DNA)다. 이렇게 하나님께서 창조하셨다는 사실이 분명한데도 성경에는 그 단어가 없다.

4. 민물

창세기에는 우리의 생활용수나 먹을 수 있는 민물을 창조하셨다는 기록은 없다.

생명체는 물이 없으면 살 수가 없다. 그러나 창세기에는 바닷물이라는 말만 기록되어 있다. 바닷물은 먹을 수가 없는데

말이다. 하지만 수천 년 동안 사람이 물을 먹고 살았다면 분명 하나님께서 민물도 창조하셨음에 틀림이 없을 것이다.

그렇다면 사람이 어떻게 해서 민물을 마시고 살았을까? 성경에는 민물을 창조하셨다는 기록이 없는데도 말이다.

> 창세기 2 : 10 "강이 에덴에서 흘러나와 동산을 적시고 거기서부터 갈라져 네 근원이 되었으니…"

에덴에서 흘러나온 강은 무슨 물이었을까?

그 물은 바닷물이 아니라 민물이다. 땅에서 솟는 물은 바닷물이 땅을 통과해서 된 지하수라는 이야기다. 하나님께서는 민물을 직접 만들어 주신 것이 아니라 사람이 지하수를 먹고 살도록 설계하신 것이다. 그래서 구약시대 사람들은 광야에서 주로 우물물을 얻기 위해 우물을 파고 지하수를 얻었던 것이다. 사람으로 지하수를 먹도록 하신 하나님의 지혜로운 설계라 할 수 있다.

만약 창조 때 바닷물이 아닌 민물만을 만들어 주셨다면 지상의 사람들은 생수를 마실 수가 없었을 것이 분명하다. 왜냐하면 민물은 오래 보존 될 수가 없어 썩기 때문이다. 하나님께서 사람을 사랑하고 배려하시는 놀라운 지혜다.

5. 하나님을 찬양할 수 있는 음악(노래)

하나님께서 사람을 창조하신 이유 중 아주 중요한 것 하나는 사람을 통해서 찬송을 받으시기를 원하신다는 것이다. 그런데도 창세기 1 장에서는 찬송이나 찬양이라는 단어조차 찾아 볼 수가 없다. 하지만 성경에서는 많은 곳에서 "여호와를 찬양하라" "여호와의 성호를 찬양하라."는 구절이 기록되어 있다. 그렇다면 과연 하나님은 사람들의 찬송을 받으시기 위해서 사람을 창조하셨을까?

> 이사야 43 : 21 "이 백성은 내가 나를 위하여 지었나니 나를 찬송하게 하려 함이니라."

하나님께서 사람을 창조하신 이유가 하나님을 위해 하나님을 찬송하도록 하려는 뜻이었다는 말씀이다. 이렇게 창조 사역에는 하나님의 숨겨져 있는 하나님의 설계가 있다는 것을 알아야 할 것이다.

바

창조에서 역학으로 나타난
하나님의 크신 사랑의 배려

창조에서 역학으로 나타난
하나님의 크신 사랑의 배려

역학? 나는 역학을 연구하는 사람이 아니다. 다만 역학 때문에 하나님의 사랑의 배려가 얼마나 큰지를 보았기 때문에 소개하려고 하는 것이다.

1년은 365일, 1달은 30일, 1일은 24시간, 1시간은 60분.
누가 만들었을까? 물론 사람이다. 하지만 그것을 만든 역학의 근거는 창세기 1 : 14이다. 하나님이 만드셨다.

"하나님이 이르시되 하늘의 궁창에 광명체들이 있어 낮과
밤을 나뉘게 하고 그것들로 징조와 계절과 날(日)과 해
(年)을 이루게 하라."

그러나 하나님의 특별한 사랑의 배려는 하나님의 창조 기

간이 7일이라는 것과 실제 창조하신 날의 수는 6일이라는 사실이다. 그리고 7일째 되는 날 하나님께서 쉬셨다는 사실이다.

하나님이 왜 7일째 되는 날 쉬셨을까? 하나님이 피로해서일까? 아니다.

절대 하나님은 피곤하거나 쉴 필요가 없는 분이시다. 그런데도 하나님이 쉬신 이유는 사람을 사랑하시는 하나님의 사랑의 배려라고 할 수 있다. 사람은 쉴 필요가 있는 제한된 존재이기 때문이다.

그리고 더욱 감사한 일은 7일째 되는 날을 쉬게 하셨을 뿐만 아니라 하나님과 사랑의 교제를 하고 하나님의 말씀도 듣고 찬양도 드릴 수 있도록 거룩한 날로 정해 주셨다는 점이다. 하나님께 감사하면서 살아야 되지 않을까...

내가 네 갈 길을 가르쳐 보이고
너를 주목하여 훈계하리로다
시편 32:8

땅을 돌보사 물을 대어 심히 윤택하게 하시며 하나님의 강에 물이 가득하게

하시고 이같이 땅을 예비하신 후에 그들에게 곡식을 주시나이다

시편 65:9

창조의 이치를 깨닫게 하는 읽을 거리

사.

창조의 이치를 깨닫게 하는
읽을 거리

1. 지구에만 왜 생명체가 있을까?

북극이나 남극에서는 일반인이 살 수가 없다. 탐험이나 연구를 위해서는 사람이 갈 수는 있다. 가서 제한 된 시간 안에 탐험도 하고 연구도 한다. 그러나 그곳에 가서 살기에는 너무 추워서 생계를 유지하는 데 필요한 것을 공급할 수가 없다. 농사도 지을 수 없고 어업도 하기가 어렵다. 그러기 때문에 살기가 어려워 삶의 공동체를 이룰 수가 없다는 이야기다.

에베레스트 산 꼭대기나, 항상 비가 오지 않는 사막 한 가운데에도 사람이 살기에는 너무 어렵다. 생계유지를 위한 활동을 할 수가 없다. 사람이 살지 못하거나 살기 어렵다는 뜻은 사람이 살기에 필요한 환경과 조건이 맞지 않는다는 뜻이다. 생명체나 사람이 살기 위해서는 적당한 환경이 필요하다는 이야기다. 같은 지구 위인데도 사람이 살 수 있는 환경이 좋은 곳이 있는가 하면 환경이 나빠서 살 수가 없는 곳도 있다는 뜻이다.

수성이나 금성, 화성, 목성 등 다른 별에도 사람이 살고 있다는 뉴스는 아직 없다. 그곳에도 역시 생명체가 살 수 있는데 필요한 조건들이 갖추어지지 않아서이다. 생명체가 살기에 적당한 환경이 되지 않기 때문이다. 그런 별에는 우선 사람이 먹을 수 있는 액체 상태의 물이 없을 것이다. 우주를 탐사한 과학자의 전하는 뉴스로는 화성에 물이 있다고 한다. 그러나 사람이 먹을 수 있는 물은 아닐 것이다. 만약 그 곳에 사람이 먹을 수 있는 물이 있고, 그 곳이 사람이 살기에 적당한 기후라면 화성에 식물이 자라고 있어야 한다. 그러나 식물이 없는 것을 보면 생명체가 살수 있는 물과 기후가 갖추어지지 않았다는 뜻이다. 다른 모든 별에도 역시 마찬가지로 생명체가 살기에 적합한 환경이 되지 않는다는 뜻이다. 오직 지구에만 생명체가 살 수 있다는 이야기다.

그렇다면 어떻게 해서 지구에만 생명체가 살도록 되어 있을까?

첫째 지구에는 우선 생명체가 살기에 필요한 액체 상태의 물이 있다. 물이 있어서 식물도 자라 열매를 맺을 수 있고, 농사를 할 수 있다. 그래서 동물도 사람도 먹고 살 수가 있다. 농사를 할 수 있다는 뜻은 사람이 먹고 살 수 있는 양식을 제공받을 수 있다는 이야기다. 우주 학자들이 다른 별에서 물을 찾는 이유다. 물이 있으면 생명체가 살 수 있기 때문이다.

두 번째로 지구에서 생명이 살 수 있는 적당한 환경을 하나님께서 창조 때 이미 만들어 놓으셨다는 것이다. 그것이 대기권 하늘(궁창)이다. 질소 78%에 산소 21%기타 1%를 섞어서 사람이 마시기에 적합한 공기를 만들어 주셨다. 창조 때 만드신 궁창은 지금보다 더 환경이 좋아서 노아 홍수 이전까지는 사람이 900년 이상을 살았다. 나무도 거목으로 몇 천 년을 자랐고, 동물도 매머드들이 살 정도로 환경이 좋았다. 화석이 그것을 증명하고 있다.

세 번째로 지구 주위에 있는 해와 달과 모든 별들의 크기와 거리를 적당하게 배치해 놓으셨기 때문이다. 예로 들면 해는 지구에서 1억 5천만 km라고 한다. 지구 생명체가 해의 빛을 가장 적당하게 받아 누릴 수 있는 거다. 더 멀면 얼어 죽고 더 가까우면 뜨거워 타서 죽는다. 또 지구에서 달까지의 거리는 38만 5천km라고 한다. 현재의 그 거리가 아주 적합하다는 이야기다. 만약 지금보다 더 가까우면 지구에는 매순간마다 쓰나미가 일어날 것이다. 배들의 항해는 고사하고 바닷가에서 사는 어부는 고기잡이도 하지 못할 것이다. 만약 지금보다 조금만 더 멀면 바다는 오염이 심할 것이다. 사람이 먹을 지하수도 오염으로 공급이 어려울 것이다.

네 번째로 지구를 이루고 있는 물질인 흙이다. 흙은 식물이나 동물의 모체다. 흙으로 식물이나 동물이나 사람의 몸을 이룬다. 또 흙이 흙으로 된 생명체의 몸에 먹을 것을 공급한다. 그래서 결국 식물과 동물, 사람은 죽어 흙으로 돌아간다.

지구에만 생명체가 살 수 있는 이유가 왜 그 뿐이겠는가? 그 모두가 살아계신 우리 하나님의 지혜요, 사랑이요, 능력으로 지어졌기 때문이다. 지금도 우주 만물이 착오 없이 운행이 되는 것은 우주 만물을 창조하신 하나님이 살아 계시기 때문이다. 그래서 지구에만 생명체가 살고 있는 것이다.

"땅과 거기에 충만한 것과 세계와 그 가운데에 사는 자들은 다 여호와의 것이로다." (시편 24 : 1)

지구에는 살아 있는 존재들이 여러 가지가 있다.
어떻게 구별하면 좋을까

O 생물체(生物體)

식물이다. 풀이나 나무... 생물이다.
생물체는 살아 있지만 물체나 다름없기 때문이다.
그래서 생물(살아있는 물건)이라 한다
왜냐?
생물체는 살아 있는데 제 자리에서만 살고 움직이지 못하기
때문이다.
칼로 잘라도 아프다고 못하고,
"뽑으면 난 죽어"라 불평 하나 못한다.

O 생명체(生命體)

동물이다. 짐승, 물고기, 새들, 곤충... 동물이다.
동물이야말로 생명체다.
제멋대로 움직이고, 어디든지 다니며 살아간다.

강한 자를 만나면 도망가기도 하고,
한 판 겨루려고 달려들기도 한다.

벼룩에게 눈꼽만 하다고 깔보고 죽이려하면
"당신이 뭔데 날 죽여." 한다.
손으로 잡았다 생각하는데 어디로 갔는지 없어졌다.
파리도 마찬가지다.
왜 그런가? 생명체니까 그렇다.

O 생령체(生靈體)

사람이다.
사람은 동물처럼 생명체다.
하지만 생명체가 맞지만,
영적 존재로 구분을 해야 한다.
왜냐하면 사람은 동물과 똑 같이 생명체지만
영을 가진 영적 존재이기 때문이다.

2. 나그네 인생길

사람은 태어나자마자 인생길을 걷게 된다. 사람이 원하든지 원치 않든지 사람으로 태어났다면 그 길은 반드시 걸어야 하는 길이다. 자신이 걸어야 할 그 길이 꽃길일지 가시밭길일지는 아무도 모른다. 그 길은 7, 80년이나 많으면 90년, 100년을 걸어야 하는 인생 여정이다. 생명의 길과 멸망의 길이 나누어질 때까지 걸어야 하는 나그네 길이다. 넓은 길을 걷고 있느냐, 좁은 길을 걷고 있느냐, 생명의 길로 가고 있느냐, 멸망의 길로 가고 있느냐, 행복한 길을 걷고 있느냐, 고통의 길을 걷고 있느냐가 다를 뿐이다. 그러나 분명히 알아야 할 것은 사람이란 마땅히 바른 길을 걸어야 할 것이다. 그 바른 길을 걷는 길을 성경은 선하고 의로운 길(삼상 12 : 23)이라고 한다. 그 길을 성경은 또 하나님의 도(道)(삼하 22 : 31), 또는 도리(道理,)(창 19 : 31)라고도 말씀 하신다.

또한 길에는 현실적인 길도 있다. 하늘에는 비행기의 길이 있고, 바다에는 뱃길이 있고, 육지에는 기차, 자동차, 사람의 길이 있다. 길에는 고속도로가 있고 지방도로가 있고 사람이

다니는 인도가 있다. 사무실에도 길이 있고, 집안에도 길이 있고 침실에까지도 사람이 다니는 곳에는 어디든지 길이 있게 마련이다. 또 인생길을 걷다보면 경치 좋고 행복한 길이 있는 가하면 아주 험난한 길도 만날 수 있을 것이다.

　문제는 그 길을 하나님이 인도하심을 따라 걷고 있느냐, 사람이 스스로 택해서 길을 걷고 있느냐 라는 것이다. 하나님의 인도하심을 따라 걷는 사람은 목적지가 분명하고 복된 길을 걷게 될 것이고, 사람이 스스로 택해서 걷는 길이라면 목적지가 분명치 않고 불완전해서 언제 계곡이 될 지 모르는 길일 것이다. 그래서 사람은 하나님의 인도하심을 따라 옳은 길을 걷는 도리가 필요한 것이다.

　하나님은 사람을 사랑하시기 때문에 처음 태어난 사람에게는 복을 주시고, 행복한 길, 아름다운 길, 옳은 길을 걷게 하셨을 것이 분명하다. 하나님께서 첫 사람 아담에게 에덴동산을 창설해 주신 것을 보면 분명 복된 길을 주셨을 것이라는 뜻이다. 에덴동산에 있는 길은 아름답고 행복한 길이었을 것이 분명하기 때문이다.

　그런데도 첫 사람 아담이 하나님의 사랑스러운 충언을 어기고 어떤 길을 택했는가? 사랑으로 인도하시는 하나님의 명령에 불복해서 하나님이 인도하시는 길을 걷지 않고 죄인의 길로 들어가게 된 것이다. 즉 아담은 도리에 어긋난 길을 택했다는 뜻이다. 그 결과 하나님이 그 사람을 에덴동산에서 쫓아내시고 에덴동산 동쪽에 그룹들과 두루 도는 불 칼을 두어 생명나무의 길을 지키게 하셨던 것이다. 안타깝게도 한 사람의 실수로 후손에게 생명의 길이 차단되는 결과를 가져온 것이다.

시편 기자도 복 있는 사람은 마땅히 악인들의 꾀를 따르지 말아야 하며 죄인들의 길에 서지 말아야 한다고 했다. 하나님의 명령과 법을 어기고 의인의 길에서 벗어나게 된 것이라고 기록한 것을 보면 사람은 과연 하나님이 인도하시는 길을 벗어나려는 잘못 된 의도가 있다는 것을 알 수 있다. 하지만 우리 하나님이 원하시는 뜻은 아직도 사람이 걷는 길이 하나님을 향해 걸어가기를 원하신다는 것이다.

사람이 지은 찬양에도 나타난다.
"영광의 길 너 걷기 전에 갈보리 길 너 걸으라. 네 모든 것 주께 맡긴 후 하늘 문을 바라보라. 하늘가는 다른 길 없네. 오직 예수 오직 한 길, 영광의 길 너 걷기 전에 갈보리 길 너 걸으라" 라고 하는 찬양이 있지 않는가?

사람이 스스로 걷기를 원하는 영광의 길을 걷기보다는 예수님이 가신 갈보리 길을 걸으라는 뜻이다. 우리가 걸어야 하는 길은 오직 한 길 뿐이기 때문이다.

성경에도 "예수께서 이르시되 내가 곧 길이요 진리요 생명이니 나로 말미암지 않고는 아버지께로 올 자가 없느니라"고 하셨다. 사람은 길 되시는 예수님을 통해서만 아버지께로 갈 수 있다고 하신 것이다. 세상에 아무리 길이 많아도, 행복해 보이는 길이 있어도 우리가 걸어야 하는 길은 오직 한 길 예수님을 통해 가는 길이라야 한다는 뜻이다. 왜냐하면 거기가 우리가 도착해야 될 최종적인 목적지이기 때문이다.

여행자는 아무리 어렵고 피곤한 길을 가고 있다고 할지라도 목적지가 있어야 된다. 목적지가 분명치 않는 여행자는 이미 생명 길에서 벗어났다고 할 수밖에 없다. 돌아갈 집이 없다는 뜻은 생명을 잃었다는 뜻이 아니겠는가? 우리가 돌아갈 목적지는 오직 아버지께로 돌아가야 하기 때문이다.

그래서 우리가 걷는 길은 목적지가 하늘나라요, 아버지께로 가야 하는 영생의 길이다. 지금 당신이 걷고 있는 길은 과연 옳은 길인가?

3. 과학으로 하나님의 실체를
증명할 수 있다면...

　지금은 과학이 바이러스도 만들고, 사람이 달에도 다녀오고, 화성도 탐험하는 시대다. 과연 첨단과학의 시대라 아니할 수 없다. 만약 과학자가 과학의 방법으로 연구해서 하나님의 실체까지도 증명할 수 있다면 어떻게 될까? 그렇게 된다면 하나님을 거부하는 일부 과학자가 창조주 하나님을 믿고 섬기려고 할까, 아니면 하나님의 머리 위에 올라가려고 할까? 자신의 뛰어난 머리로 연구해서 하나님을 증명할 수 있을 정도라면 그의 우월감이 하늘 위에 솟구치지 않을까...

　지금처럼 과학이 첨단으로 발달한 시대에 사는 현대인들이 과거처럼 부모에게 효도하는 사람도 있는가 하면 부모에게 불효하고 부모를 학대하는 사람이 종종 있는 것을 볼 수 있다. 그런 때에 과학자가 자신이 연구해서 증명이 된 하나님을 어떻게 대할지는 충분히 짐작이 갈 수도 있을 것이라는 이야기다. 그런 인간의 심정을 미리 아셔서인지 하나님께서는 우주 만물을 창조하시면서 피조물인 인간이 아무리 머리가 뛰어나도 과학적 방법으로는 연구자체가 불가능하도록 여러 가지를 만들어 놓으신 것을 볼 수가 있다.

그것이 무엇일까?

여러 가지가 있을 수 있지만 예를 들면 생명, 죽음, 영, 영생, 시간, 노화 등이다. 그리고 하나님 자신이다. 사람이 아무리 연구를 해도 과학적 방법으로 사실 하나님의 실체가 어떤 것인지는 연구할 수조차 없다. 우리가 아는 대로 성경은 하나님은 영이시다. 전지전능하신 창조주시다. 하나님은 알파와 오메가 즉 처음과 나중이시다. 라고 설명을 하고 있다. 그리고 생명이 무엇인지는 정답을 아는 것 같으면서도 그 정답을 찾을 수가 없도록 하셨다. 죽음에 관해서는 죽음 후의 일을 아무도 아는 이가 없다.

영이나 영생, 시간 노화도 마찬가지다. 세상에 영의 실체를 아는 사람이 있는가? 없다. 영생도 믿는 자의 소망이지만 영생에 갔다 다시 돌아온 경험자가 없다. 믿는 자들의 소망이 영생인데 성경은 믿는 자들에게는 영원을 사모하는 마음을 주셨다 라고만 하신다. 그리고 이어서 사람에게는 시종을 알 수 없게 하셨다고 하신다 (전도서 3 : 11). 그러니까 사람이 아무리 연구를 해도 미래를 모를 수밖에 없는 것이다.

물론 하나님께서는 우주 만물을 과학적인 법칙에 맞도록 창조를 하셨다. 첨단 과학의 원리가 창조하신 우주 만물에 다 포함되어 있기 때문이다. 그것이 바로 과학이 첨단으로 발전할 수 있는 이유다. 그래서 믿는 자들로 하여금 과학으로도 하나님을 찾아 발견하도록 하셨다는 사실이다. (롬 1 : 20)

"그가 만드신 만물에 분명히 보여 알려졌나니..." 무슨 뜻인가? 하나님이 만드신 만물을 관찰하고 연구하면 창조하신 비밀을 알 수 있다는 뜻이 아니겠는가. 과학은 관찰과 계속적인 실험으로 증명이 가능하기 때문이다. 이런 과학적 방법으로 하나님이 계시다는 것을 발견하도록 하나님께서 사람에게 지혜를 주신 것이다.

그런데 성경에 보면 만물을 창조하시면서 하나님께서는 신앙의 방법으로도, 과학의 방법으로도 하나님을 만날 수 있는 딱 한 가지 유일한 고리를 주신 곳이 있다.

그것이 무엇일까? 하나님께서 사람을 하나님의 형상을 닮도록 만드셨다는 사실이다. 제한된 인간의 존재가 유일하신 하나님의 성품을 닮았다면 그보다 더 좋은 복이 어디 있겠는가? 그 사실을 믿는 것이 우리의 믿음이고 하나님과 친밀해지는 관계라 할 수 있다.

자식이 부모를 닮아 태어난다는 뜻은 부모의 유전자를 받았다는 뜻인 것처럼 사람이 하나님을 닮았다는 뜻은 사람이 하나님의 유전자(DNA)를 받았다는 뜻이 아니겠는가? 그것은 분명 과학이다. 그러니까 하나님께서 사람을 하나님의 형상대로 창조하시겠다는 뜻에는 신앙적인 뜻도 과학적인 이치도 함께 포함을 시켰다는 뜻이다. 그것이 바로 전능자 하나님의 지혜가 아니겠는가? 그래서 하나님은 영적으로 우리의 아버지시고 과학적으로도 우리의 아버지시라는 사실이 "하나님이 자기 형상대로 사람을 창조하시겠다"는 말씀에 다 포함되어 있다는 뜻이다.

그것이 또한 성경에서 하나님을 아버지라고 하는 이유다. 하나님은 신학적으로도 우리의 아버지시고 과학적으로도 우리의 아버지시기 때문이다. 그러니까 하나님은 바로 온 인류의 아버지라는 이야기다. 하나님을 믿고 섬기든지 믿지 않든지 그 사실은 부정할 수 없는 사실이다. 과학자도 하나님의 실체를 과학으로 연구해서 정확하게 깨달아 알아진다면 하나님을 아버지라 부를 수밖에 없을 것이다.

4. DNA(유전자) 역추적

DNA…?

1869년 이전에는 단어조차 없던 것이 지금은 모르는 사람이 없을 정도다.

그러면 그 DNA. 누가 만들었을까? 과학자인가? 아니다. 과학자들이 만든 것이 아니라 세포 안에 있는 DNA를 과학자가 발견한 것뿐이다. 그래서 그 때부터 생명공학이나 유전공학이라는 것이 발달하기 시작을 했다고 할 수 있다. 그러니까 과학자는 발견했을 뿐 DNA의 소유권자는 과학자가 아니라는 이야기다. 그런데도 사람들이 지금을 생명공학의 시대라고 한다. 과학자가 만든 것도 아닌데… 만약 1869년에 발견을 했다고 하면 그 이전에도 이미 DNA는 우리 몸에 있었다는 이야기가 된다. 그렇다면 그 DNA는 언제부터 우리 몸속에 있었을까?

DNA…?

성경에도 없는 단어인데… 하나님도 DNA가 사람 몸에 있는 것을 모르셨을까?

현대인은 친부 친자 확인을 과학적 방법으로 할 수가 있다.

무엇으로 친부 친자 확인을 하는가? DNA로 한다. 자식은 성격도 모양도 부모를 닮아가지고 태어나니까... 그러니까 DNA 검사로 부모가 누구인지 확실하게 밝힐 수 있는 것이다. 나를 낳아준 분이 누구인지 증명이 된다는 이야기다. 그렇게 되니까 DNA 검사로 확인이 되면 친부가 아니라고 거부할 수가 없게 된다. 원숭이가 내 조상이라고 우길 수도 없다는 뜻이다.

그렇다면 인류의 조상이 아담인데 아담의 몸속에도 DNA 가 있었을 것이 분명하다. DNA가 있어야 세상에 태어날 수가 있으니까. 그렇다면 아담은 인류의 시조니까 아담에게는 부모가 없었을 것이다. 그래서 아담은 부모가 없이 태어났고 친부가 없다는 것을 우리가 안다. 그러면 아담은 DNA를 누구에게서 받아 태어났을까. 다시 말하면 아담은 누구의 성격과 모양을 닮아 가지고 태어났을까? 누구를 아버지라고 불러야 옳을까?

DNA?

성경에는 없는 단어지만 모든 인류의 몸속에 DNA가 있다면 사람을 창조하신 하나님의 설계에 DNA(유전자)가 사람 몸에 있도록 설계하신 것이 분명하다. 성경이 그 사실을 정확하게 말씀하고 있지 않는가? 그러니까 아담은 하나님의 DNA를 받았을 것이 분명하다.

> "하나님이 자기 형상 곧 하나님의 형상대로 사람을 창조하시되 남자와 여자를 창조하시고 하나님이 그들에게 복을 주시며 하나님이 그들에게 이르시되 생육하고 번성하여 땅에 충만하라 땅을 정복하라"(창 1:27-28)고 하셨다.

하나님께서 사람을 창조하실 계획과 설계를 하신 말씀이다.

하나님이 하나님의 형상대로 사람을 창조하셨다고 한다. 내가 부모와 조상을 닮고 조상과 아담이 하나님의 성품과 모양을 닮았다면 사람의 몸에는 하나님이 설계하신 DNA가 있다는 뜻이 아니겠는가? 하나님이 사람을 창조하시되 자신의 DNA를 사람의 몸에 넣어 주셨다는 뜻이다.

그러니까 DNA의 소유권자는 하나님이시고, 생명공학이나 유전공학을 이 세상에 있도록 처음부터 계획하신 분이 바로 우리가 아버지라고 부르는 하나님이시라는 뜻이다. 그러니까 전능하신 하나님께서 사람에게 복을 주실 수도 있고 DNA가 후손들에게 전해지도록 생육하고 번성하여 땅에 충만하도록 하실 수도 있다는 뜻이다.

그 뿐이 아니다. 하나님은 우리를 모태에서 짓기 전에 우리를 이미 아시는 분이다. 왜 그런가? 하나님 자신의 모양과 성품이 담겨있는 DNA를 주셨기 때문이다.

"내가 너를 모태에서 짓기 전에 너를 알았고 네가 태에서 나오기 전에 너를 성별하였고 너를 여러나라의 선지자로 세웠노라"(렘 1 : 5)고 하셨다.

그분이 바로 우리의 아버지시요, 창조주시요, 우리를 다스리시는 분이시다. 혹 과학자 중에 하나님을 부인하려고 해도 DNA 때문에 하나님이 없다고 부정할 수 없는 이유다. 자신들이 발견한 DNA(유전자)가 그 사실을 증명해 주고 있기 때문이다. 그 DNA를 인류에게 주신 하나님이 바로 우리 아버지시다.

5. 생명력과 면역력

하나님은 사람에게 생명을 주시면서 두 가지 힘을 겸하여 주셨다.

두 가지 힘? 그것이 무엇인가?

바로 생명력과 면역력이다. 생명력은 생명활동을 위한 힘이고 면역력은 생명을 병마로부터 지키기 위한 힘이다. 사람이 생명력이 아무리 강해도 면역력이 없으면 생명을 계속 유지할 수가 없고, 면역력이 아무리 강해도 생명이 없으면 면역력이 있어야 할 이유가 없다는 것이다. 그래서 생명력과 면역력은 사람에게 반드시 함께 있어야 한다. 사람을 사랑하시는 하나님께서 우주만물과 사람을 창조하시면서 계획하신 지혜로운 설계라 할 수 있다.

예수님께서는 사람이 생명력과 면역력을 지속적으로 유지시킬 수 있는 요소를 빛과 소금으로 비유하셨다는 사실이다. 생명력은 빛이 없으면 활기차게 생명활동을 할 수 없고, 면역력은 소금이 없으면 지속적으로 면역력을 발휘할 수가 없을 것이다. 생명체가 오랫동안 빛을 받지 못하면 몸의 각 기관이 점점 허약해지는 이유가 생명력이 떨어지기 때문이고, 암 환자나 중병을 앓는 환자가 생존율이 떨어지는 이유는 병 때문만이 아니라 면역력이 떨어지기 때문이다.

시편 27 : 1에 "여호와는 나의 빛이요"라는 기록이 있고 "여호와는 내 생명의 능력이시니.."라는 기록도 있다. 하나님은 우리에게 생명을 주시는 빛이다. 그리고 우리는 생명의 능력(생명력)을 하나님을 통해 받고 있다는 뜻이 아니겠는가?

또 민수기 18 : 9에는 "소금 언약"이라는 말씀이 기록되어 있다. "소금 언약"이 무엇일까? 우리가 소금의 성질을 알면 바로 깨달을 수가 있다. 소금은 부패를 방지하고 살균의 성질이 있다. 그리고 절대 변질 하지 않는다. 소금 언약은 하나님께서 사람에게 주신 일방적인 변치 않는 언약이라 할 수 있다. 하나님께서 만물을 창조하실 때 지구를 덮고도 남을 만큼 많은 물을 생명체를 위해 만들어 주셨다. 그 때 이미 물이 썩지 않도록 소금물을 만들어 주셨다는 사실이다. 그래서 바닷물의 평균 염도가 3.5%가 되는 이유다. 그것이 바로 창조 이후 지금까지도 변하지 않는 소금 언약이 아니겠는가?

그러면 과연 면역력이란 무엇인가?

근래 지구상에 코로나 바이러스라는 괴물이 사람의 생명을 위협하고 있다. 바이러스가 생명을 위협하고 있으니까 그 코로나 바이러스를 이길 수 있는 힘은 오직 면역력이라고 한다. 그러면 그 면역력이란 도대체 무엇이며 어떻게 사람의 몸에 면역력이 있게 된 것일까? 과학자들이 만들어 넣어 줄 수 있는 것일까? 제약회사에서 약으로 만들어 제공할 수 있는 것일까? 인삼이나 녹용에서 얻는 것인가? 운동을 열심히 하면 얻어지는 것일까? 아니면 하늘에서 뚝 떨어진 것일까? 하지만 면역력의 근본 요소는 그런 것들이 아니다. 아무리 생각해 보아도 사람의 지혜나 힘으로는 얻어질 수가 없는 것이 분명하다. 그런데도 면역력은 태어날 때부터 사람의 몸에 이미 있는 것이 분명하다. 혹 약을 복용하지 않아도 스스로 병에서 회복하는 것을 보면 우리 몸에는 면역력이 있다는 것을 알 수 있다.

그렇다면 왜 사람은 태어나면서부터 병과 싸울 수 있는 면역력이 몸에 있는 것일까?

사람은 생명도 건강도 자신의 지혜나 힘으로는 가지고 태어날 수 없는 것이다. 분명한 것은 생명은 생명의 주인이신 하나님이 주신 것이기에 사람의 생명과 관계되는 것은 하나님께서 사람에게 모두 주신 것이라는 사실이다. 그래서 사람의 몸에는 태어날 때부터 면역력이 있는 것이다.

그렇다면 사람의 몸에 면역력을 있게 하는 근본 요소가 무엇일까?

그것이 바로 소금이다. 사람은 태어날 때부터 양수(소금물 0.9%)속에서 태어난다. 그리고 사람의 체액도 소금물이고, 눈물, 콧물, 침, 땀, 소변 등이 모두 0.9% 소금물이다. 사람이 병마로 허약해서 병원에 입원하면 링거액을 주사하는데 그것도 바로 0.9% 소금물이다. 그 소금물이 사람을 병마로부터 보호하고 있다. 그래서 건강한 사람은 하나님께서 주신 두 가지 힘을 잘 간직하면서 살고 있는 것이다.

하나님께서 사람을 사랑하시기 때문에 은혜로 생명력과 면역력을 주셨지만 그 두 가지 힘을 유지하고 건강한 삶을 살아가야 하는 것은 바로 사람의 몫이라는 것을 알아야 한다.

6. 보이지 않는 것과 보이는 것

사람은 우주 만물이 창조된 이후 지금까지 보이지 않는 것들과 보이는 것들 속에서 살고 있다. 그 사실은 우리가 부인하려고 해도 부인할 수 없는 틀림없는 사실이다. 보이는 것들이야 우리 눈에 보이는 자연이나 식물, 동물, 그리고 내 이웃에 사는 사람들이니까 부인할 수 없는 사실임에 틀림이 없다.

하지만 보이지 않는 것들은 사람에 따라 인정하는 분도 있고 인정하기를 싫어하는 분도 있을 것이다. 그것은 반드시 종교가 아니더라도 믿음의 문제이기 때문이다. 왜냐하면 눈에 보이는 것은 눈으로 확인이 되기 때문에 믿을 수 있지만, 눈에 보이지 않는 것은 확인이 안 되는데 누가 믿고 인정하겠는가? 그런 사람들 중에는 하나님의 신성과 능력 신비를 고의적으로 부인하려는 마음이 있을 수도 있다. 그래서 하나님의 능력으로 우주 만물을 창조하셨다는 사실을 애써 부인하고 있다는 이야기다.

왜 그런 마음이 있을까?

그것은 그들의 정신이 살아 있기 때문일 것이다. 자신의 존재가 살아 있고 생각이 살아 있고 자신의 지혜와 능력이 살아 있어서 자신의 눈에 보이기 때문일 것이다. 또한 그들은 자신의 힘을 믿으려는 마음이 강하기 때문일 것이다.

그러나 그들이 착각하고 있는 것이 있다. 그들이 살아 있다고 생각하는 자신의 생명은 눈에 보이지 않는데도 자신의 존재가 살아 활동하기 때문에 마치 자신의 생명도 눈에 보이는 것으로 착각하고 있기 때문일지도 모른다. 생명을 스스로 만들어 가질 수 없는데도 말이다.

하지만 성경은 만물이 그에게서 창조 되되 하늘과 땅에서 보이는 것들과 보이지 않는 것들을 그를 위해서 창조하셨다(골 1 : 16)고 말씀을 하고 있다.

세상에 보이지 않는 신비한 것들과 눈에 보이는 제품인 우주 만물들을 하나님께서 창조하셨다는 뜻이다.

그렇다면 보이지 않는 것이 무엇이며 보이는 것은 무엇일까? 우선 성경으로 말하면 보이지 않는 것은 하나님의 능력과 신성이고 사람에게 있어서 보이지 않는 것은 생명의 기운이고 생각하는 능력과 마음이다.

그러면 보이지 않는 것이 먼저였을까 보이는 것이 먼저였을까? 그것이야 두말할 것도 없이 보이지 아니하는 능력과 신성이고 그리고 그의 신비가 먼저다. 그 다음 그 신비한 설계로 만들어져 제품화된 제품이 바로 우리 눈에 보이는 우주 만물 즉 과학적 원리로 만들어진 제품이 나중이다. 즉 우리 눈에 보이는 세상만물은 모두 먼저 눈에 보이지 않는 신비한 설계에 의해 만들어진 과학적 제품이라는 뜻이다. 생명도 예외는 아니다. 생명도 우리가 만든 것이 아니라 하나님이 창조하신 과학적 제품이라는 이야기다. 그래서 성경은 보이지 않는 것들과 보이는 것들을 보고 확인하고 연구해서 보이지 않는 능력과 신성이신 하나님이 존재하신다는 사실을 발견하고 인정하고 부정하지 말라고 하시는 것이다.

그렇다면 우리가 보이지 않는 하나님을 보는 것같이 믿고 부정하지 않기 위해서 어떻게 하는 것이 좋을까?

우선 우리 하나님께서는 무조건 하나님을 믿고 인정하라고 하지 않으셨다는 사실을 알아야 한다. 무조건적인 믿음을 요구하지 않으셨다는 뜻이다. 하나님은 이미 우리에게 하나님을 보는 것 같이 알고 인정할 수 있는 지혜와 마음을 주셨다고 하셨다.

"이는 하나님을 알만한 것이 그들 속에 보임이라 하나님께서 이를 그들에게 보이셨느니라"(롬 1 : 19)고 하셨다. 무슨 뜻인가? 하나님의 존재를 알 수 있는 지혜와 지식을 사람의 마음속에 이미 넣어 주셨다는 뜻이다. 사람이 하나님의 그 능력과 신성으로 창조하신 만물을 보면 사람의 지혜로 분명히 알 수 있다는 이야기다.

그렇다면 우리의 믿음은 어떻게 발전해 가는 것이 좋을까?

하나님께서 주신 지혜로 그가 만드신 만물 즉 과학적 원리로 창조하신 만물을 관찰하고 연구해서 보이지 아니하는 영원하신 능력과 신성을 체험하고 하나님이 계심을 확인하고 인정해야 되지 않겠는가? 첨단 문명의 시대니까 믿음도 과학의 방법을 첨가하라는 뜻이다. 그래서 사람의 머릿속에는 하나님이 만드신 신비한 제품을 보면 연구하고 싶어 하는 과학적 마음이 들어 있는 것이다.

> "창세로부터 그의 보이지 아니하는 것들 곧 그의 영원하신 능력과 신성이 그가 만드신 만물에 분명히 보여 알려졌나니..."(롬1 : 20)라 하셨다.

보이지 않으면서도 존재하는 것은 얼마든지 있다. 시간도 공간도 보이지 않지만 분명 존재하는 창조물이다.

7. 해 아래에는 새 것이 없나니...

　사람을 기준으로 볼 때, 사람은 한 세대 30년이나 일생 80년 주기로 가고 또 가고, 오고 또 오는 것만은 틀림이 없다. 우리 조상들도 세상에 왔다가 돌아갔고, 그 후손들도 왔다가 돌아갔다. 또 우리 후손들도 분명 올 것이고 다시 돌아갈 것이다.

　그러니까 조상들이 한 세상을 살다가 돌아가고 그 자식 세대도 살다가 돌아가고 그 후세대도 와서 살다가 돌아가고, 그렇게 사람은 대대로 순환이 되고 있다는 이야기다. 아무리 열심히 살았다고 해도 죽으면 사람이 살았던 그 찬란한 업적은 없어진다는 뜻이다. 그래서 우리 눈에 보이는 모든 것은 헛되고 허무할 수밖에 없다. 하지만 헛되지 않고 영원한 것이 하나가 있는데 그것은 바로 땅이라고 한다. 왜냐하면 성경에 "땅은 영원히 있도다"라고 말씀했기 때문이다.

　그러면 땅은 왜 영원히 있다고 했을까?

　땅은 하나님께서 창조 첫째 날 창조하셨다. 땅은 흙이고 물질이다. 하나님께서 둘째 날부터 창조 엿새 동안에 우주 만물을 창조하실 재료로 흙(물질)을 창조하셨다는 뜻이다. 첫째 날 창조하신 그 땅(흙, 물질)으로부터 식물을 나게 하셨고, 동물도 땅에서 나게 하셨고, 사람도 그 흙으로 창조하셨다. 즉 만물과 생명을 모두 흙으로 창조하셨는데 그 생명들은 모두 왔다가 돌아가도록 설계를 하셨다. 하지만 땅(물질)만은 지금도 변하지 않고 옛날에 있던 그 모습 그대로 여전히 있으니 영원하다고 한 것이다.

흙을 재료로 만들어진 것들은 소멸하는가?

그렇다면 땅으로부터 만들어진 생명들은 세대가 오고 갈 때마다 허무하게도 소멸해서 없어지는 것일까? 만약 땅(흙)을 재료로 생명들을 만들었으니 생명들이 모두 소멸해서 없어졌다면 지금 쯤 지구의 무게가 많이 줄어 있어야 마땅할 것이다. 그러나 지구의 무게는 창조 때나 지금이나 조금도 변하지 않았다는 사실이다.

왜냐하면 과학(화학)의 법칙들이 그 사실을 증명하고 있기 때문이다. '질량 보존의 법칙'은 창조 당시 우주의 질량은 상태변화에 상관없이 변하지 않고 보존된다는 법칙이다. 타서 없어지고 썩어서 없어져도 질량에는 변화가 없다는 뜻이다.

또 '열역학 제 1법칙' (에너지 보존 법칙)은 에너지의 총량은 항상 일정하다고 설명하고 있다. 이 법칙은 하나님이 창조하신 우주나 지구가 창조된 후에 스스로 생성할 수도 없고 스스로 소멸될 수도 없다는 법칙이다. 하나님께서 지구를 창조하시되 지구는 조금도 그 질량과 에너지가 변하지 않고 일정하게 유지 되도록 창조 하셨다는 뜻이다.

그러면 해 아래에는 정말 새 것이 없을까?

창조 이후에 아무리 사람이 새것을 만들어내고 공장에서 새 제품을 찍어내도 그것들은 모두 새것이 아니라는 말씀이다. 왜냐하면 성경에 "이미 있던 것이 후에 다시 있겠고 이미 한 일을 후에 다시 할지라" 라고 하셨기 때문이다.

예를 들어 창조 때 하나님께서 만드신 산소나 탄소 질소는 분명 새 것이었다. 그런데 그 새 산소가 사람의 호흡으로 인해 사람의 몸에 들어가 활동을 하고 다시 나올 때는 탄산가스가 되어 나온다. 그래서 그 산소는 이미 사용되었기 때문에 새 것이라 할 수 없게 되었다. 하지만 사람의 코에서 나온 탄산가스는 식물이 흡수해서 식물 속에서 활동(탄소동화작용)을 하게 될 것이다. 탄소는 식물이 흡수하고 산소는 내보낸다. 그런 것이 한 번으로 끝나는 것이 아니라 창조 후 지금까지 계속되고 있다. 왜냐하면 이미 있던 것이 다시 있겠고 이미 한 일을 후에 다시 하고 있기 때문이다. 그러니까 해 아래에는 새 것이 없다는 말씀이 맞는 말씀이다.

그것은 하나의 예일 뿐 세상의 일은 모두가 같은 이치다. 모든 생물은 먹어야 살기 때문에 먹고 배설하고, 먹고 배설하고를 반복하게 된다. 하나님께서 이미 3천 년 전에 성경으로 기록해 주신 "이미 있던 것이 후에 다시 있겠고 이미 한 일을 후에 다시 할지라 해 아래에는 새 것이 없나니 무엇을 가리켜 이르기를 보라 이것이 새 것이라 할 것이 있으랴" 라고 말씀하신 것을 후에 과학자들이 법칙으로 만들어 놓은 것이다. 물질의 재료가 형태는 변하지만 스스로 생성되거나 소멸 되지 않기 때문이다.

"이미 있던 것이 후에 다시 있겠고 이미 한 일을 후에 다시 할지라 해 아래에는 새것이 없나니
무엇을 가리켜 이르기를 보라 이것이 새 것이라 할 것이 있으랴 우리가 있기 오래 전 세대들에도 이미 있었느니라
이전 세대들이 기억됨이 없으니 장래 세대도 그 후 세대들과 함께 기억됨이 없으리라" (전 1 : 9-11)

삼천 년 전에 어떻게 이런 과학적 원리를 알고 기록했을까...?

8. 보이는 나, 보이지 않는 나

예부터 인생의 가장 심각한 질문중 하나는 '나는 누구이며 어디서 왔다가 어디로 가는 것일까?' 였을 것이다. 하지만 그런 의문 가운데서도 가장 흔히 알고 있는 답이 있다면 '나는 흙에서 와서 흙 가운데 살다가 흙으로 돌아간다.' 는 답일 것이다.

왜냐하면 그 답은 성경을 인용하지 않아도 우리의 육체는 흙으로 만들어졌다는 사실과 죽어 한 줌 흙으로 돌아간다는 사실을 믿는 사람이든 믿지 않는 사람이든 모르는 사람이 별로 없을 정도이기 때문이다.

그렇게 사람의 몸이 흙이라는 사실을 알면서도 혹 종교를 인정하지 않는 사람들이라도 장례식에 가서는 죽은 자의 명복을 비는 이유는 무엇일까? 인생이 흙으로 왔다가 흙으로 돌아가고 없어진다면 죽은 자의 명복을 빌 이유가 없을 것인데도 말이다. 그렇다면 무종교인의 생각 속에도 우리에게 보이는 육체만 세상에 존재하는 것이 아니라, 보이지 않는 어떤 영적 존재도 있다는 사실을 인정한다는 뜻이 아니겠는가?

그렇지 않다면 내 사랑했던 사람이 죽어 몸이 굳어지고 썩어가는 그 처참한 모습을 쳐다보기가 싫어서 인생이 허무하게 없어질 존재가 아니라고 마음속으로 외치고 싶은 심정에서일까?

그러나 분명한 사실은 세상에는 보이지 않는 존재도, 보이는 실체도 있다는 사실이다. 왜냐하면 하나님께서 하늘과 땅에서 보이는 것들과 보이지 않는 것들을 창조하셨기 때문이다. 그러기에 '나'라고 하는 존재도 '보이는 나와 보이지 않는 나'가 있다는 이야기다.

그렇다면 '보이는 나, 보이지 않는 나' 중에 어떤 '나'가 진정한 나일까?

분명히 밝혀진 사실은 내 육체는 흙으로 만들어졌는데, 그흙으로 만들어진 육체가 진정한 내 모습일까? 아니면 분명 존재하고 있는데도 내 눈으로 보이지는 않지만 그 보이지 않는 '나'가 내 모습일까?

하지만 아무래도 보이는 육체가 진정한 '나'라고 답할 사람은 아마도 없을 것이다. 왜냐하면 내 몸은 어찌 되었든 흙이니까... 죽어 흙으로 돌아가야만 할 존재니까... 흙을 '나'라고 할 사람이 없을 것이라는 이야기다.

그런데도 아직까지는 보이는 내 육체가 세상에서 살아 존재하고 있는 한은 항상 내 역할을 대신하고 있다, 그렇다면 눈에 보이는 내 육체가 진정한 나라고 해도 무방할까? 그런데도 내 육체가 진정한 나라고 답하기가 어색해진다.

그렇다면 '보이지 않는 나'가 진정한 '나'라고 할 수는 있을까? 물론 그 대답이 당연한 대답이 될 수밖에 없을 것이다.

아무리 영을 부정하고 하나님의 존재를 부정하는 사람일지라도 사람이 죽어 관 속에 누워있는 모습을 본다면 그 시신에서 보이지 않는 존재가 떠났다는 사실을 부인하지 못하기 때문이다.

그렇다면 그 보이지 않는 존재는 어디로 갔을까?

무종교인이라도 죽은 자의 명복을 비는 것을 보면, 그들의 잠재의식 속에 보이지 않은 존재가 죽지 않고 영원하다는 사실을 알고 있는 것일까?

그렇다. 인간은 결국 종교인이나 무종교인이나 모두가 보이지는 않지만 우리의 영은 죽지 않는다는 사실을 알고 있다

는 뜻이다.

왜냐하면 하나님께서 사람에게는 영원을 사모하는 마음을 주셨기 때문이다.

그러기 때문에 '보이지 않는 나'가 진정한 '나'라는 사실이다. 그러기에 우리는 '보이는 나'를 위해 살 것이 아니라 '보이지 않는 나'를 위해서 살아야 할 것이다. '보이지 않는 나'가 영생을 얻어 영원히 살아야 되기 때문이다.

9. 지구의 종말은 어떤 상태로 올까?

사람의 몸은 흙으로 되어있다. 몸이 흙이기 때문에 사람은 지구에서 살 수밖에 없다. 사람의 몸이 지구의 흙으로부터 왔기 때문이다. 그러기 때문에 몸도 흙으로 만들어지고 흙에서 나는 것으로 먹고, 입고, 집을 짓고 살 수밖에 없다. 사람에게 필요한 모든 것을 흙에서 공급받아야 살 수 있다는 뜻이다. 그런데 그런 인간이 흙으로부터 왔기 때문에 때가 되면 죽어 다시 흙으로 돌아가야만 한다.

그렇다면 사람에게 모든 것을 공급하고 있는 땅은 사람에게 모든 것을 공급하는 모체이기 때문에 죽지 않고 영원할까? 지구와 사람을 창조하신 하나님께서는 무엇이라고 말씀하시고 있나?

"땅이 있을 동안에는 심음과 거둠과 추위와 더위와 여름과 겨울과 낮과 밤이 쉬지 아니하리라"고 하셨다.

무슨 뜻인가?

땅이 존재하고 있는 한은 지구상에서 농사하는 일(심음과 거둠)과 일기의 변화(추위와 더위)와 계절(여름과 겨울)과 시간의 흐름(낮과 밤)이 쉬지 않고 계속 될 것이라는 뜻이다. 땅이 있을 동안만이다. 즉 땅이 없어질 때가 있을 것이라는 뜻이 암시되어 있다. 그렇다면 땅이 없어질 그 때가 언제일까?

사도행전 1장 7절에 "때와 시기는 아버지께서 자기의 권한에 두셨다"고 말씀하고 있다. 그 때를 알 권한은 하나님께만 있고, 사람은 그 때를 알 권한이 없다는 뜻이다. 사람은 그 때를 모른다는 이야기다.

사람이 알 수 없는 그 때가 오면 지구는 어떤 모습으로 없어질까? 성경이 분명히 말씀하고 있는 것은 불이라고 하신다.

"이제 하늘과 땅은 그 동일한 말씀으로 불사르기 위하여 보호 하신 바 되어 경건하지 아니한 사람들의 심판과 멸망의 날까지 보존하여 두신 것이니라" (벧후 3 : 7)

노아의 때에 홍수로 세상을 멸망시킨 그 동일한 하나님의 말씀으로 우리가 사는 이 세상을 불사르실 것인데 아직은 지구와 사람을 보호하고 계시기 때문에 심판과 멸망의 날까지는 지구가 존재하고 있도록 하신 것이라는 뜻이다. 그러나 분명하게 성경으로 말씀하셨다.

> "하나님의 날이 임하기를 바라보고 간절히 사모하라 그 날에 하늘이 불에 타서 풀어지고 물질이 뜨거운 불에 녹아지려니와 우리는 그의 약속대로 의가 있는 곳인 새 하늘과 새 땅을 바라보도다"(벧후 3 : 12-13)

하늘과 물질(지구)이 뜨거운 불에 타서 풀어지고 녹아진다고 하신다. 다시 말하면 하늘과 지구가 불에 타서 없어진다는 뜻이다. 마치 사람의 종말과 같은 이치다. 사람도 흙으로 된 몸이 세상에 존재하고 있을 동안만 심음과 거둠(몸의 대사 즉 먹고 마시고)과 추위와 더위(감각기능의 작용)와 여름과 겨울(계절이 바뀌면서 젊음이 늙어가고)과 낮과 밤(시간이 흘러 나이가 든다)이 쉬지 않고 계속 된다는 뜻이다. 몸이 있을 동안만이다.

우리 육신의 생명은 흙으로 된 몸이기 때문에 몸이 있을 동안만 생명을 유지하고 살 수 있다. 아무리 영이 새로워져도 몸이 죽어 흙으로 돌아가면 우리 영은 몸을 떠나야 한다. 하나님의 은혜로만 영생할 수 있는 영이기 때문에 우리의 영은 죽어 흙으로 돌아가야 할 몸에 남아 있을 수가 없기 때문이다.

> 하나님께서도 아담에게
> "네가 흙으로 돌아갈 때까지 얼굴에 땀을 흘려야 먹을 것
> 을 먹으리니 네가 그것에서 취함을 입었음이라 너는 흙이
> 니 흙으로 돌아갈 것이니라"고 하셨다.

"흙으로 돌아갈 때까지"라고 하셨다. 흙으로 만들어졌고 흙에서 먹을 것을 공급받는 존재니까 흙으로 돌아갈 때까지 모든 생명활동을 하다가 결국 흙으로 돌아가야 된다는 말씀 이다.

지구의 종말은 "땅이 있을 동안만…"이고, 사람의 종말은 몸이 있을 동안만이다. 즉 "흙으로 돌아갈 때까지…"다. 그 때 까지는 우리의 눈으로 보기에는 지구의 활동이 쉬지 않을 것 이고 사람의 생명활동도 쉬지 않을 것이다.

> "땅이 있을 동안에는 심음과 거둠과 추위와 더위와 여름
> 과 겨울과 낮과 밤이 쉬지 아니하리라" (창 8 : 22)

10. 지구촌에 왜 식수난이 있을까?

지구에는 정말 물이 많은 것 같다. 바다가 지구 표면을 70% 나 덮고 있고, 해수면 위에 솟아있는 땅이나 산의 높이보다 바다의 깊이가 더 깊은 것을 보면 물이 그만큼 많다는 뜻이다.

지구를 창조하실 때 하나님의 영이 지면 위에서 운행하지 않고 수면 위에서 운행하신 것을 보면 지구의 모든 흙(땅)을 덮을 만큼 물을 많이 창조하셨다는 뜻이다. 생명체가 사는데 많은 물이 필요하다는 사실을 하나님께서 아셨기 때문이 아니겠는가? 그런데도 그 많은 물은 전부 소금물(염수)로 만드셨다는 사실이다.

하나님이 그렇게 많은 물을 창조하신 이유는 생명체들에게 반드시 필요한 요소가 물이었기 때문이었을 것이다. 하지만 하나님이 창조하신 물은 생명체들이 먹을 수 있는 민물이 아니라, 모두가 생명체들이 직접 먹어서는 안 될 소금물이라는 사실이다. 하나님이 창조하신 물중에서 궁창 아래의 물로 전부 바다를 이루도록 하셨기 때문이다.(창 1 : 10)

하나님은 민물을 만들지 않고 왜 전부 소금물로 만드셨을까?

만약 하나님께서 창조하신 물이 전부 민물이었다면 지구에 있는 생명체가 지금까지 생존할 수 있을까? 아마도 지구 역사가 천년이라고 해도 생존이 어려울 것이다. 물의 오염을 막을 수 없기 때문이다. 하지만 소금물로 만드셨기 때문에 생명체가 오염되지 않은 물을 먹고 창조이래로 지금까지 생존할 수 있었던 것이다.

그렇다면 사람이 오염되지 않은 민물을 어디서 어떻게 구해 먹었을까?

그 첫 번째가 인류의 조상 아담은 에덴동산 중앙에서 솟아 흐르는 강물을 식수로 먹었을 것이다. 소금물이 지하에서 정수 되어 민물이 되었기 때문이다. 다시 말하면 하나님께서 만드신 물이 전부 소금물이지만 사람들로 하여금 정수 된 지하수를 먹을 수 있도록 설계를 하셨다는 뜻이다.

하나님이 그렇게 설계를 하셨기 때문에 지구에 있는 모든 산에서는 지하수가 솟아나고, 산간 계곡의 옹달샘에서는 민물의 생수가 나오고, 그것이 계곡으로 흐르고 하천과 강을 이루어 인류가 민물을 먹기도 하고 사용하기도 했던 것이다.

그런데 식수난이라면 민물이 부족하다는 뜻이 아닌가?

지구상에 있는 물 전체를 100이라고 할 때 소금물이 97%고 민물은 3%정도라고 한다. 그 3% 민물 중에서도 사람이 먹을 수 없는 물이 2%이상이고 사람이 먹을 수 있는 물은 고작 1%에도 미치지 못한다고 한다. 이는 분명 사람으로 하여금 신선한 물을 먹고 살도록 하신 하나님의 설계일 것이다.

오늘날 지구촌에 식수부족의 문제는 사람이 먹을 수 있는 지하수가 고갈되고 있기 때문이다. 과학자에 의하면 지하수 고갈상태가 매우 심각하다고 한다.

식수가 고갈되는 이유가 무엇일까?

첫째는 문명의 산업화가 식수고갈을 재촉하고 있기 때문이다.

지하수는 인류가 사용하는 물의 35%를 담당한다고 한다. 그런데 공장이 세워지는 곳이나, 호텔이 지어지는 곳에는 근처 옹달샘이나 지하수가 말라가게 마련이다. 왜 그런가? 많은 공장이나 호텔이 지하수를 퍼 올리기 때문이다.

둘째는 오염이다.

문명이 발달하면서 화학제품이나 일회용 쓰레기가 흐르는 민물을 오염시키기 때문이다.

셋째는 인류를 위해 하나님이 설계하신 자원이 마지막에 이르고 있다는 뜻이다.

제한된 지구에 수용할 수 있는 인구가 한계에 도달하고 있다는 뜻이다. 지금도 전 세계인구 중 약 29%의 인구가 맑은 물 공급을 받지 못하고 있다고 한다. 지구에 식량난이나, 식수난이 온다는 뜻은 하나님이 설계하신대로 하나님께서 창조하신 자원이 마지막에 도달하고 있다는 뜻이다.

11. 생각이 현실이 된 세상

우리가 사는 이 세상, 이 우주 만물이 왜 이렇게 아름답고 신묘할까? 우연의 산물이기 때문일까? 아니면 아름다운 세상이 되도록 설계됐기 때문일까? 분명 우연의 산물은 아닐 것이고 설계되었기 때문일 것이다.

예술가가 아름다운 작품을 만들려고 하는데, 우연히 아름다운 작품이 만들어질 수 있을까? 절대 우연히 작품이 만들어지지 않을 것이다. 분명 예술가의 머릿속에서 아름다운 작품을 만들려는 생각이 있었을 것이고, 그 생각이 아름다운 작품이 되도록 설계를 했을 것이고, 그 생각과 설계가 작품으로 나타났을 것이 분명하다는 뜻이다. 다시 말하면 예술가의 머릿속으로 생각하고 계획한 것이 현실로 나타나서 아름다운 예술작품이 만들어진 것이라는 이야기다.

오늘날 과학은 어떻게 첨단으로 치달아 가고 있을까?
빅뱅 때문일까? 과학자들의 두뇌가 명석해서 과학을 연구한 결과일까? 아니면 이 세상 만물이 과학적으로 설계되어 창조되었기 때문일까?

사람에게는 무엇이든 생각하고 연구할 수 있는 지혜와 지식이 있다. 과학자가 자식이 부모를 닮는 것을 보고 유전자가 있다는 것을 깨닫고 연구하다 보니 생명공학이나 유전공학으로 발전 되었을 것이다.

공중에 파장(음파)이 있기에 IT산업이 발달할 수 있었을 것이고, 사과가 나무에서 땅으로 떨어지는 것을 보고 지구에 중력이 있음을 연구했을 것이며, 번개가 번쩍이는 것을 보고 전기를 발견했을 것이다.

그렇다면 자식은 왜 부모를 닮고, 공중에 음파는 왜 있으며, 사과는 왜 땅으로 떨어지며, 번개는 왜 치는가? 과학자들이 연구해서 그렇게 되도록 만들어 놓았는가?

그것은 분명 아니다. 물론 우연히 된 것도 아니다. 하나님께서 만물을 창조하실 때 그렇게 과학적으로 창조해 놓으셨기 때문이다. 다시 말하면 하나님이 만물을 과학적으로 설계하신 것이 현실로 나타나도록 창조하셨기 때문이라는 이야기다. 하나님의 설계가 현실로 나타났다는 뜻이다.

우주와 만물은 어떻게 해서 질서 있게 운행이 되고 있을까?
우연의 법칙 때문일까? 자연의 법칙 때문일까? 사람에게 질서가 있기 때문일까? 아니면 어떤 종교 절대자의 지적인 설계 때문일까?

천체의 운행이 질서가 있고, 계절이 질서 있게 바뀌고, 사람의 폐와 심장이 질서를 지키며 뛰고 있는 것, 모두가 우연의 법칙으로 되는 것이 아니고, 자연의 법칙으로도 되는 것도 아니다. 그렇다고 사람의 머리로 된 것도 아니고, 과학으로도 만들어내는 것도 절대 아니다.

그것은 전적으로 하나님의 지적 설계로 그렇게 창조하셨기 때문이다.

건축가의 머릿속에는 건축물의 설계에 대한 생각이 있고,

예술가의 머릿속에는 예술 작품을 창작하려는 생각이 있고,

과학자의 머릿속에는 연구하는 대상들의 생각에 몰두해 있고,

소설가의 머릿속에는 이야기 거리들의 흥미로운 생각이 있으며, 하나님의 생각에는 이미 창조 이전부터 우주 만물을 창조하실 생각과 설계가 있으셨을 것이다.

영원 전 태초에 하나님의 생각 속에는 어떻게 세상을 아름답게 창조하실까, 세상을 어떻게 과학의 법칙에 맞도록 창조하실까, 세상이 질서있게 운행이 되려면 어떻게 창조하는 것

이 합당할까를 생각하시고 설계를 하셨을 것이 분명하다.

그래서 지금 우리가 사는 이 세상 만물이 하나님의 설계에 의해 현실로 나타나 우리 눈으로 보고, 듣고, 만져보고, 즐기며 살게 되었던 것이다.

만약 영원하시고 능력이 있으신 하나님이 아무런 생각도, 아무런 설계도 하시지 않았거나, 혹 생각을 하셨을지라도 현실로 나타나도록 창조를 하시지 않았다면 지금 우주 만물도, 사람도, 각종 생명체도 이 우주 안에 나타나지 않았을 것이다.

하지만 하나님은 세상을 창조하실 필요성이 없으셨을 터인데도 우주 만물을 설계하시고 창조하신 이유는 하나님이 사랑하시는 대상으로 사람을 만드시기 위해서일 것이다. 하나님이 그렇게 사람을 사랑하셔서 만물을 창조해 주셨기에, 사람은 하나님을 섬기고 사랑하는 것이 마땅하지 않을까...

"하나님이 모든 것을 지으시되 때를 따라 아름답게 하셨고
또 사람들에게는 영원을 사모하는 마음을 주셨느니라
그러나 하나님이 하시는 일의 시종을 사람으로 측량할 수
없게 하셨도다." (전도서 3 : 11)

그래서 하나님의 생각이 현실로 나타났을 것이다.

가정과 교회를 통해 꼭 알아야 될 것

가정과 교회를 세우는데 있어서

남자의 희생이 있었다는 사실입니다.

가정을 세우는데 어떤 남자가 희생을 했습니까?

물론 아담입니다.

하나님께서 아담을 깊이 잠들게 하시고

갈비뼈로 하와를 만드셨습니다.

그렇게 해서 둘이 한 몸을 이루는 가정을 만들어 주셨지요?

그러면 교회를 세우는 데는

어떤 남자의 희생이 있었습니까?

예수 그리스도입니다.

여러분이 잘 아시는 대로 어떤 희생이었습니까?

십자가의 죽음입니다.

물과 피를 흘리고 3일 동안 깊이 잠드셨던 겁니다.

아담은 가정을 이루는데 깊이 잠드는 희생을 했고,

예수 그리스도는 교회를 세우시는데

깊이 잠드는 희생을 하셨습니다.

둘이 다 죽었다가 다시 산 겁니다.

왜 가정과 교회를 세우는데 같은 모양의 희생이 있었습니까?

그 뜻은 하나님께서 세우신 최초의 가정이

예수 그리스도께서 세우신 교회의 모형이기 때문입니다.

그러기 때문에 가정에서 부부간에

한 몸이 되어 서로 사랑하는 것 같이

교회에서도 예수님과 성도(신부)간에

서로 사랑해야 되는 것이 마땅합니다.

12. 내일 일을 모르기 때문이다

우리의 일상생활에서 고통과 어려움을 자주 당하며 사는 사람은 왜 하필 나에게만 이런 고통과 어려움이 있어야 되나 라고 의문을 가질 수 있다. 다른 사람은 행복한데 자신만 육체적으로나, 경제적으로나, 어떤 면으로든지 괴로움을 당하고 있다면 그렇게 생각이 될 수도 있을 것이다.

우리 하나님께서 창조하신 세계는 평화롭고 아름답고 신묘하다. 누구에게도 괴로움을 주려는 뜻이 없어 보인다. 그 중에 사는 식물과 동물들 역시 아름답고 신묘하다. 특히 사람은 더욱 아름답고 신묘한 걸작품이다. 사람은 그 어느 동물도 가질 수 없는 생각과 판단력이 있다. 그래서인지 사람은 궁금한 것이 많다. 내일 일을 모르기 때문이다.

하나님께서 창조해 주신 그 아름다운 세상에서 행복을 즐기고 누리며 살면 될 것을 왜 사람에게는 그토록 궁금한 것이 많이 있어야 할까?
하나님이 창조하신 아름다운 세상에서 사람들이 사는 동안에 기뻐하며 선을 행하는 것이 최선이고, 먹고 마시는 것과 수고함으로 낙을 누리는 것이 하나님의 선물이라고 한다면 (전 3:12~13) 하나님이 창조하신 이 세상에서 사람들은 얼마든지 행복을 누리며 살아야 될 것 아니겠는가? 그런데도 사람에게는 궁금한 것이 많다. 왜 그럴까? 내일 일을 모르기 때문이다.

첫째는 사람의 의식 속에 내가 모르는 내일이 있기 때문이다.

지금보다 장래에... 오늘보다 내일이... 이달보다 내달이... 금년보다 내년이... 더 나아질 것이라는 나도 모르는 기대가 내 속에 있기 때문에 궁금할 수밖에 없다. 사람에게 그러한 희망이 있기 때문에 지금 혹 어려움이 있어도, 왜 하필 나에게만 어려움이 있어야 되나라는 그 궁금증이 해소 될 수 있는 내일을 기대하게 된다는 이야기다.

그렇다면 그런 기대를 할 수 있도록 내일이라는 때와 희망이 왜 있게 되었을까? 우리에게 그런 때와 희망을 어떻게, 아니면 누가 만들어 주었을까? 바로 하나님이시다.

하나님이 우리 인간에게 내가 모르는 영원을 사모하는 마음을 주셨기 때문이다(전3:11). 그러기 때문에 사람은 영원을 사모하며 살면서도 영원에 대한 궁금증은 항상 있게 마련이다. 내일 일을 모르기 때문이다.

둘째는 사람은 한치 앞도 모르는 존재이기 때문이다.

사람은 일초 뒤의 일도... 일분 뒤의 일도... 내일의 일도... 한 달 후의 일도... 전혀 모르면서 사는 존재다. 한치 앞을 전혀 알 수가 없으니 나에게 어떤 일이 닥쳐올지 궁금할 수밖에 없다. 나에게 어려움이 올지, 행운이 올지, 아니면 복이 올지, 저주가 올지가 궁금할 것이 분명하다는 이야기다.

그러면 사람이 그렇게도 똑똑한데 왜 앞일을 모를까?

성경은 "하나님이 하시는 일의 시종을 사람으로 측량할 수 없게 하셨다."라고 기록하고 있다.

하나님께서 사람으로 하여금 하나님의 하시는 일을 알 수 없도록 그렇게 만드셨다는 뜻이다.

왜 하나님께서 사람을 그렇게 만드셨을까?

만약 지구상에 있는 모든 사람이 장래 일을 모두 알고 있다면 그보다 더 큰 문제는 없을 것이기 때문이다. 전지전능하신 하나님만이 아셔야 될 일을 사람이 다 알고 있다면 더 큰 문제라는 이야기다. 그래서 사람으로서는 알 수 없는 앞일이 궁금할 수밖에 없을 것이다.

셋째는 사람은 하나님이 정하신 한계를 넘어가지 못하는 존재이기 때문이다.

사람은 하나님이 정하신 연대와 경계를 넘어서 살 수가 없다. 피조물인 사람이 하나님이나 천사처럼 시간과 공간을 초월해서 사는 존재라면 더 문제이기 때문이다.

성경은 "인류의 모든 족속을 한 혈통으로 만드사 온 땅에 살게 하시고 그들의 연대를 정하시며 거주의 경계를 한정하셨다." (행17:26)라고 기록하고 있다.

하나님이 사람을 제한되고 한계가 있는 존재로 만드셨기 때문이라는 뜻이다.

사람이 궁금한 것이 전혀 없다면 사람이라 할 수가 없다.

사람은 무엇인가 궁금하기 때문에 알려고 노력하는 것이다.

그 궁금한 것을 알려고 노력할 때 학문을 만들고 과학을 연구하게 되어 발전을 이루는 것이다.

13. 하나님은 사람을 죄인으로 창조하셨을까?

　복음을 전하는 사람과 복음을 받아들이는 사람의 심령 속에서는 우리가 죄인이라는 자책이 작용함으로 회개가 되고 복음의 싹이 돋아 거듭난 새 사람이 되어가는 것이라 할 수 있습니다. 모든 사람이 죄인이란 것은 내가 하는 말이 아니라 성경이 그렇게 말씀하고 있기 때문입니다.

　　"의인은 없나니 하나도 없으며…"(롬 3 : 10)
　　"모든 사람이 죄를 범하였으매 하나님의 영광에 이르지
　　못하더니"(롬 3 : 23)

　성경이 이처럼 세상엔 의인이 하나도 없고, 모든 사람이 죄를 범하였다고 선언을 하고 계십니다.
　그러면 사람이 과연 죄인인지 그 죄 문제를 원점으로부터 살펴보시기 바랍니다.
　우리는 하나님을 "전지전능하신 하나님" "은혜와 사랑이 충만하신 하나님"이라고 믿고 있습니다. 그렇다면 그러한 사랑의 하나님이 사람을 죄인으로 창조 하셨을까? 하는 의문이 생기지 않을 수 없습니다. 하지만 상식적으로 그러하신 하나님이라면 절대 사람을 죄인으로 창조하시지 않았을 것입니다. 그런데도 세상에 의인이 하나도 없고 모든 사람이 죄인이라면 어디에 문제가 있을까 의문이 아닐 수 없습니다.

처음 세상에 태어난 갓난아기는 앉지도 서지도 못하고 스스로 먹을 것을 찾아 먹지도 못하는 지각이 전혀 없는 존재입니다. 그런 아기가 죄인이라고 생각하십니까? 아니겠지요. 물론 아기 몸에는 변질된 DNA가 있을 수는 있습니다.

그러면 하나님이 사람을 어떤 존재로 창조하셨습니까?

성경의 기록에 의하면 하나님은 사람을 하나님을 닮은 존재로 창조하셨습니다.

성경에 "하나님이 이르시되 우리의 형상을 따라 우리의 모양대로 우리가 사람을 만들고 그들로 바다의 물고기와 하늘의 새와 가축과 온 땅에 기는 모든 것을 다스리게 하자 하시고.."(창 1 : 26)라고 하셨습니다.

하나님이 하나님의 형상을 닮은 사람을 만드시겠다고 하셨습니다. 하나님을 닮았다는 뜻은 하나님이 죄인이 아닌 것처럼 사람도 죄인이 아니고 하나님이 사랑의 하나님인 것처럼 사람도 사랑을 할 줄 아는 존재로 창조하셨다는 뜻입니다.

그렇다면 하나님을 닮은 사람이 왜 죄인이 되었을까요?

하나님께서는 사람을 로보트가 아닌 인격체로 만드셨다는
점입니다. 사람이 하나님을 닮았지만 사람으로 하여금 스스
로 판단하고 결정할 수 있는 인격적 존재로 만드셨다는 이야
기입니다. 다시 말하면 사람이 죄가 없는 하나님의 DNA를 받
았지만 하나님처럼 완전한 존재가 아니라는 이야기입니다.
하지만 사람이 스스로 어떤 일을 결정하는 언행으로 말미암
아 하나님을 닮은 그야말로 죄가 없던 DNA가 변질 될 수도
있다는 이야기입니다.

그래서 사람이 첫 번째 죄를 짓도록 실수한 사건이 바로 하
나님이 먹지 말라고 경고하신 선악을 알게 하는 나무의 실과
를 하나님의 명령에도 불구하고 사람의 마음대로 따 먹은 결
과입니다.

하나님께서는 앞으로 전개될 인간세계의 질서를 위해서,
먹으면 죽을 수 있는 위험한 실과를 사람이 먹지 않도록 하기
위해서 사랑으로 경고하신 것인데 사람이 하나님의 명령을
어긴 것 그것이 바로 죄의 근원이 되었다는 이야기입니다.

하지만 문제는 하나님의 설계에 의하면 사람은 수명이 다

하면 결국 죽어야 할 존재인데 사랑의 하나님이 왜 선악을 알게 하는 나무를 그렇게 만들어 죄를 짓게 하셨을까 하는 의문이 있을 것입니다.

그러나 하나님의 뜻은 죄를 짓게 하려고 하신 것이 아니라 사랑의 경고라는 것을 알아야 할 것 같습니다. 당시 세상에는 아담과 하와뿐이었습니다. 그들은 죄가 무엇인지, 죽음이 무엇인지 몰랐을 것이 분명합니다. 그래서 하나님께서는 아담에게 선이 무엇인지 악이 무엇인지를 가리킬 필요가 있으셨을 것입니다.

왜냐하면 하나님이 창조하신 세계는 동전의 양면처럼 모든 것이 양면적으로 창조되었기 때문이었습니다. 선이 있으면 악이 있고, 생명이 있으면 죽음이 있고, 위가 있으면 아래가 있고, 우가 있으면 좌가 있기 때문입니다. 그러기 때문에 아담이 생명의 길을 가지 않고 죽음의 길로 갈 위험을 알리기 위해 사랑의 경고로서 명령을 하신 것이라 생각이 됩니다. 그런데 아담은 하나님의 명령을 어기고 먹지 말라는 선악을 알게 하는 나무의 열매를 먹었습니다. 그것이 결국 명령을 어긴 죄가 되었던 것이라 생각이 됩니다.

그러나 하나님은 사랑의 하나님이시라는 사실을 후에 인류

를 구원하시면서 말씀을 하시고 있습니다. 죄와 사망의 법으로부터 해방시키기 위해서 그리스도 안에 있어서 생명의 질서의 법을 지키라는 말씀입니다.

"그러므로 이제 그리스도 예수 안에 있는 자에게는 결코 정죄함이 없나니 이는 그리스도 예수 안에 있는 생명의 성령의 법이 죄와 사망의 법에서 너를 해방 하였음이라" (롬 8 : 1-2)

14. 빛은 과연 창조물일까?

　세상에는 신비한 것들이 참으로 많이 있다. 아무리 훌륭한 신학자라도, 아무리 과학적 두뇌가 뛰어난 자라도 답을 찾기가 어려운 것들이 많이 있다. 그래서 신비하다는 이야기다. 왜냐하면 신비(神?)는 하나님이 설계하신 비밀이기 때문이다. 하나님께서 사람을 창조하시기 이전에 사람이 아직 존재하기 이전 상태에서 하나님 스스로 계획하신 설계대로 우주 만물을 창조하셨으니 창조 마지막 날에 만들어진 사람이 어떻게 그 오묘한 설계를 알 수 있겠는가? 그러니까 그것이 사람에게는 신비한 일이 되었던 것이다.

　예를 들어 사람은 분명 생명을 가지고 살아 활동을 하고 있다. 하지만 생명은 하나님께서 사람에게 예고하고 주신 것이 아니다. 그러기 때문에 생명이 무엇인지는 사람의 지혜로는 정의를 내리기가 어렵다. 또 사람은 무엇이든지 마음으로 결정을 할 수가 있다. 그런데 마음이라는 장기는 우리 몸 어디에도 없다. 혹 심장이 마음이라고 착각할 뿐이다. 또 사람은 생각을 한다. 그래서 사람을 생각하는 동물이라고도 한다. 사람은 수정란 세포 하나가 자라서 몸을 이루고 있는 세포 덩어리일 뿐이다. 그런데 어떻게 세포 덩어리가 생각하는 능력이 있는지는 그 답을 얻을 수가 없다.

그런 여러 가지 신비한 것 중에서 우리에게 혼동을 주는 것이 아마도 빛일 것이다. 빛은 창조 첫째 날 하나님께서 "빛이 있으라."고 하시면서부터 빛이 존재하게 되었다. 하나님께서 빛이 있으라고 명령하시면서 있게 된 빛을 하나님께서 창조하셨다고 하는 사람이 있는가 하면 빛은 하나님이 창조하신 것이 아니라고 하는 사람도 있다. 성경에 의하면 빛은 하나님이시고 예수님이시기 때문에 창조된 것이 아니라는 이야기다. 만약 빛이 창조된 것이라면 하나님도 예수님도 피조물이 될 수가 있기 때문이라는 것이다.

근래 과학이 발달하면서 빛이 무엇인지 연구를 많이 하는 것 같다. 빛을 입자라고도 하고 파동이라고도 한다. 두뇌가 뛰어난 과학자가 연구하고 결론을 얻은 것이니 물론 그렇게 믿을 수밖에 없을 것이다. 그러나 묻고 싶은 것은 연구자들이 어떤 빛을 가지고 연구했느냐는 것이다.

성경에서 빛은 크게 나누어 두 가지가 있다. 하나는 "빛이

있으라"(창 1 : 3)고 하셔서 있게 된 하나님께로부터 온 생명
의 빛이다.

"그 안에 생명이 있었으니 이 생명은 사람들의 빛이라"
(요 1 : 4).

즉 그 빛은 하나님의 능력이요 생명이요 에너지원이다.
다른 하나는 세상을 비추기 위해 하늘에 두신 큰 광명의 빛
(창 1 : 15)이다. 이 두 빛은 빛이되 전혀 다른 빛이라 할 수 있
기 때문이다. 왜냐하면 전자는 하나님의 영원한 에너지원으
로서의 빛이고 후자는 그 에너지를 받아서 세상을 비추게 하
신 전달자로서의 빛이라 할 수 있기 때문이다. 빛은 빛이되 용
도가 다르다는 이야기다.

하나님께로부터 온 빛은 하나님의 능력이요 생명력이다.
지구상에 살아 있는 생명체는 식물이든 동물이든 사람이든
이 생명의 빛을 받지 않고서는 생명을 얻을 수가 없다. 왜냐하
면 "그 안에 생명이 있이 있었으니 이 생명은 사람들의 빛이
라"고 하셨기 때문이다.(요 1 : 4) 생명은 곧 사람들의 빛이기
때문이다.
그러나 창조 넷째 날 하늘(궁창)에 두신 광명체들은 하나님

께서 첫째 날 있으라고 명령하신 에너지원의 빛을 받아서 땅을 비추게 하는 역할로서의 빛이라는 사실이다.

그런데 영어 성경을 보면 혼동이 아닐 수 없다.

창세기 1장 3절에 "And God said, Let there be light, and there was light" 이라고 기록되었고 14절에도 "And God said, Let there be lights in the expanse of the sky to separate the day from the night, and let them serve as signs to mark seasons and days and years," 라고 기록하고 있다.

창조 첫째 날 있으라고 하신 에너지원의 빛도 Light 이고 태양도 Light 다. 분명히 다른 빛인데 같은 뜻을 가진 단어로 되어있다. 그래서 혼동이 될 수밖에 없다.

분명한 것은 첫째 날 있으라고 하신 빛은 창조 세계에 존재해야 될 생명과 에너지원으로서의 빛이고, 넷째 날 하늘에 두신 광명체는 땅을 비추게 할 목적이 있을 뿐 아니라 징조와 사시와 일자와 연한을 주관하는 역할을 주시기 위한 것이다.

"하나님이 이르시되 하늘의 궁창에 광명체들이 있어 낮과 밤을 나뉘게 하고 그것들로 징조와 계절과 날과 해를 이루게 하라"(창 1 : 14)고 하셨다.

빛의 역할이 서로 다르기 때문이다.

15. 과학이 창조 이전에도 있었을까?

일반적으로 과거 성도들은 '우주 만물을 하나님께서 말씀으로 창조하셨다. 하나님께서 무에서 유를 창조하셨다.' 라는 사실을 여과 없이 믿음으로 믿고 받아들였습니다. 그래서 그때는 그런 확신으로 믿음이 굳어지고 교회가 부흥해서 기독교인의 수가 계속적으로 늘어 갔었습니다. 그런데 언제부터인지는 확실히 모르지만 전 세계적으로 기독교인 숫자가 줄어들었습니다. 특별히 청년들이 믿음이 약해지고 교회를 기피하는 현상이 두드러지게 되었습니다.

왜 그럴까?

분명한 이유 중 하나는 과학문명 때문일 것입니다. 과학문명이 하나님께서 무에서 유를 창조하셨다는 사실과 하나님이 말씀으로 우주 만물을 창조하셨다는 사실을 믿음으로 받아들이지 않기 때문입니다. 문제는 이 시대의 성도들이 전도 대상인 현대인에게 하나님께서 무에서 유를 창조하셨다는 사실을 과학적으로 설명을 못하기 때문일 수도 있을 것입니다.

그러면 무에서 유를 창조하셨다는 성경의 기록이 신화이기 때문입니까? 만약 하나님의 창조가 신화라면 우리가 하나님을 창조주로 믿을 필요가 없습니다. 하지만 분명한 것은 무에서 유를 창조하셨다는 사실은 신화가 아니라 과학이라는 사실을 알아야 합니다. 창세기 1 장의 창조사역은 우리가 믿음으로 받아들이고 있지만 분명 과학입니다. 왜냐하면 하나님께서 우주 만물을 과학적으로 설계하셔서 창조하셨고, 그 창조하신 만물을 현대 과학자들이 연구하고 있기 때문입니다. 그래서 우리 인류 역사와 과학 문명은 모두 창세기에서부터 시작이 되었습니다.

우선 창세기 1장 1절을 보십시오.

창조 이전에는 시간의 흐름이 없었습니다. 공간도 물질도 없었습니다. 물론 생명체도 없었습니다. 그런데 시간이 흐르면서 과거와 미래라는 개념이 생기고 노화현상이 있게 되었고 역학(달력)이라는 학문이 생겼습니다. 또 공간이 창조되면서 거리의 개념과 지리학이 생기게 되었고 좋고 나쁜 환경이라는 것이 생겼을 것입니다. 그런 것들이 모두 연구의 대상인 학문이 되었습니다.

그리고 물질(땅, 지구)과 생명체를 창조하심으로 자연히 물리학, 생물학, 유전 공학, 생명 공학, IT 산업, 나노 기술, 등 모든 학문이 생기게 되었습니다. 모두가 창세기가 그 근원입니다. 과학자들이 과학을 연구할 수 있게 된 이유입니다. 만약 만물이 과학적으로 창조가 되지 않았다면 연구자체가 불가능했을 것입니다.

본문 히브리서 11 : 3은 창세기 1장의 창조를 요약해서 증명한 말씀입니다.

> "믿음으로 모든 세계가 하나님의 말씀으로 지어진 줄을
> 우리가 아나니..."

이 3절의 전반부는 하나님의 창조사실을 우리가 믿음으로 받아들이고 있다는 내용입니다. 우주 만물의 창조가 과학적인 설명으로가 아니라 하나님의 말씀으로 창조하셨다는 것과 우리가 믿음으로 받아들이고 안다는 뜻입니다. 그리고 3절의 후반부에는...

> "보이는 것은 나타난 것으로 말미암아 된 것이 아니니라"

이 말씀은 만물의 창조가 과학적으로 증명을 할 수 있다는 말씀입니다. 보이는 만물은 우리 눈에 보이는 이미 있던 재료로 창조 된 것이 아니라는 뜻입니다. 즉 보이지 않는 무에서

유가 창조 되었다는 이야기입니다. 이 말씀에 과학의 원리가 있습니다.

창조는 아무것도 없는 무에서 유가 된 사건입니다. 즉 아무것도 없었는데 하나님의 능력(에너지)으로 우리 눈에 보이는 유(물질)가 된 것입니다. 다시 말해 하나님께 속한 에너지가 물질이 되었다는 뜻입니다. 그 원리를 과학자들이 발견했습니다. 보이지 않는 에너지가 물질이 되고 보이는 물질이 보이지 않는 에너지로 바뀔 수 있다는 겁니다. 그것이 에너지 보존 법칙이라는 과학의 법칙이 되었습니다.

그런데 혹 어떤 사람들은 무에서 어떻게 유가 될 수 있느냐고 반발을 합니다. 왜냐하면 물질은 수십억 년 아니면 백억 년... 오랜 기간에 걸쳐 진화해서 생성이 되었다는 겁니다. 듣기에 그럴듯할 수도 있습니다. 하지만 수십억 년 전이라고 할지라도 그 때 아주 적은 입자이거나, 단세포라도 존재하지 않았다면 어떻게 진화가 시작이 되겠습니까? 그 적은 입자라 할지라도 수십억 년 전에 없었던 것이 있게 되었기 때문에 진화든지 빅뱅이든지 있게 되었을 것입니다. 결국 진화의 재료인 소입자가 무에서 유의 과정을 거쳤기 때문이라는 뜻입니다. 그러니까 진화론을 주장하는 자들의 주장은 설득력을 잃을

"주의 손으로 만드신 것을 다스리게 하시고 만물을 그의
발 아래 두셨으니 곧 모든 소와 양과 들짐승이며 공중
의 새와 바다의 물고기와 바닷길에 다니는 것이니이다
여호와 우리 주여 주의 이름이 온 땅에 어찌 그리 아름다
운지요" (시 8:6-9)

수밖에 없을 것입니다. 결국에는 무에서 유를 창조하시는 분
은 오직 하나님이시라는 이야기입니다. 그러니까 과학은 창
조와 동시에 있게 된 것입니다.

16. 인류에게 주신 세계 공통언어

하나님이 창조하신 생명체는 어느 종류든지 다 자신과 같은 종류끼리만 소통하는 언어가 있다. 비록 언어가 없다고 생각이 되는 동물이라도 그들 나름대로 언어가 있다는 이야기다. 곰은 곰대로, 사자는 사자대로, 다람쥐는 그들 나름대로... 같은 종류끼리 함께 어울려 사는 것은 그들에게 언어가 있어서 그 언어로 소통하기 때문이다.

그러나 특별히 하나님께서 사람에게만은 언어를 문자로까지 기록할 수 있는 언어를 주신 것은 참으로 은혜라고 생각지 않을 수 없다. 하지만 이 세상에는 여러 나라와 민족이 있어 국가마다 또는 민족마다 서로 다른 언어를 사용하고 있다. 문제는 서로 다른 언어를 사용하는 사람들이 처음 만났을 때 어떻게 서로 의사를 전달하고 소통을 했을까? 그럴 때 의사가 소통 될 수 있는 언어가 따로 있었을까? 그런데 과연 우리 하나님께서는 서로 언어가 달라도 소통할 수 있는 만인 공통언어를 주셨다는 사실이다.

그러면 만인이 소통할 수 있는 언어 그것이 무엇일까?

웃음과 울음이다. 말은 달라도 웃음과 울음은 어느 나라 어느 민족이라도 다 똑 같다. 그 훌륭한 언어를 하나님께서 언제 주셨을까? 그 언어는 사람이 세상에 처음 태어날 때 하나님께서 주신 선물이라고 생각이 된다. 아직 말을 할 수 없는 갓난 아기에게 제일 처음으로 주신 언어라고 생각이 된다는 이야기다.

갓난아기가 말로 의사를 전달하지는 못 하지만 엄마에게 웃음으로 기쁘고 행복한 뜻을 충분히 전달할 수 있기 때문이다. 말을 못하는 갓난아기가 왜 예쁜 웃음을 웃는지 한 번 생각을 해 보라. 아기가 웃는 예쁜 웃음의 모습에는 "엄마 난 지금 아무 문제가 없어. 엄마 난 지금 기뻐, 난 행복해." 그런 뜻이 있을 것이다. 또 아기가 불편하고 괴로울 때는 "응애, 응애"하고 운다. 왜 아기가 울까? 아기가 엄마로 하여금 들으라고 우는 이유는... "엄마 나 기저귀 갈아줘. 나 배고파. 나 손이 아파. 나 등이 가려워." 등... 그런 뜻이 있을 것이다.

그런 언어는 아기에게만 주신 것이 아니라 장성한 사람에게 모두 주셨다. 그 언어가 바로 사람이라면 누구나 가지고 있는 언어, 웃음과 울음이 아니겠는가? 그 언어는 다른 어떤 동물도 가지고 있지 않는 사람만의 언어, 세계 공통언어다.

그 2가지 언어는 국가와 민족, 그 어떤 부족이라도 다 똑 같다. "하하하" 하고 웃는 것과 "엉엉엉" 하고 우는 것이다.

1) 웃음... 사람이 처음으로 말이 통하지 않는 외국인을 만났을 때 어떻게 하나? 피차 상대가 어떤 생각을 하고 있는지 모르고, 의사를 소통할 수 없으니 웃음으로 대신 할 수밖에 없을 것이다. 그런데 상대를 향해 웃는 그 웃음에는 여러 가지 뜻이 있을 수 있다.

"나는 짐승이 아니고 당신과 같은 사람이다. 나는 당신에게 기쁨과 행복을 베풀기 원한다. 나는 당신에게 피해를 주지 않을 것이다. 우리 서로 싸우지 말고 잘 지내자." 라는 뜻일 것이다.

그러니까 "당신도 나에게 기쁘게 대해 주십시오. 우리 서로 잘 지냅시다." 등 여러 가지 뜻을 줄 수 있을 것이다. 그리고 웃음에는 반드시 행위가 따르게 마련이다. 웃으면서 화가 난 얼굴을 하는 사람이 없다는 이야기다. 웃는 얼굴로 상대에게 평화스런 모습을 보여야 하기 때문이다.

2) 울음... 사람이 언제 우는가? 슬플 때, 몹시 아플 때, 괴로울 때, 너무도 안타까운 사정일 때, 사랑하는 사람과 헤어져야

할 때... 등 여러 가지 이유로 울어야 할 때가 있다. 우는 사람의 얼굴 표정은 웃을 때와는 반대다. 슬픈 표정, 아픈 표정, 괴로운 표정을 한다. 우는 사람의 얼굴이 평화스러운 모습을 할 수는 없기 때문이다.

그 외에도 세계인이 공통적인 것이 한두 가지가 더 있다. 재채기와 딸꾹질이다. 그러나 재채기와 딸꾹질은 언어라기보다는 신호라고 할 수 있다. 사람이 육체적으로 신체 내부에 이상이 있을 때 외부로 신호를 보내는 것이라 생각이 된다. 병의 증세가 있으니 주의하라는 뜻이 아닐까?

예를 들어 몸이 외부의 온도와 차이가 있어 감기증상이 올 때 재채기를 하게 되는 것은 바로 감기가 올 수 있다는 신호라는 뜻이다. 그런데 그 신호가 어느 민족이나 다 똑 같다는 이야기다.

딸꾹질은 그 원인이 여러 가지가 있겠지만, 한 예로 음식 먹은 것이 소화기 계통에 어떤 앨러지가 생겼다는 신호가 아닐까 생각이 된다.

17. 그들의 날은 백이십 년

노아가 살고 있던 이전 때에는 사람들이 900년이 넘도록 살던 때였다. 그런데 갑자기 하나님께서 "나의 영이 사람과 함께하지 않겠다. 그들의 날은 백이십년이 되리라"는 선언을 하셨다. 그 후 노아 후손들의 수명이 급격하게 줄어들기 시작했다.

하나님께서 왜 그렇게 하셨을까?

사람이 하나님의 형상을 닮은 복된 존재로 태어났다가 죄로 인해 하나님의 사랑받으면서 사는 길에서 헤어져야 될 시점에 하나님이 사람에게 하신 선언이라 할 수 있다. 하나님께서 그렇게 결정하신 배경에는 하나님이 창조하신 사람의 죄악이 가득함과 그의 마음으로 생각하는 모든 계획이 항상 악할 뿐임을 보셨기 때문이라고 한다.

그렇게 되기까지 사람들이 어떤 삶을 살았는가?

하나님의 아들들이 사람의 딸들의 아름다움을 보고 자기들이 좋아하는 모든 여자를 아내로 삼아 자식을 낳았다는 것이다. 그래서 하나님의 영이 사람에게서 떠나가고 사람은 죄로 가득한 육신적 존재로 남게 되었던 것이다. 그 결과 하나님께서 근심하고 한탄하시면서 마음으로 결정하신 것은 홍수로 모든 기식이 있는 것들을 지면에서 쓸어버리려는 계획을 하신 것이다.

> "땅 위에 사람 지으셨음을 한탄하사 마음에 근심하시고 이르시되 내가 창조한 사람을 내가 지면에서 쓸어버리되 사람으로부터 가축과 기는 것과 공중의 새까지 그리하리니…"(창 6 : 6-7)라고 하셨다.

하지만 사람을 사랑하시는 하나님이 그렇게 계획하시려는 마음이 편하실 수 없어 근심하셨을 것이다. 그렇지만 결정하신 계획을 하나님께서는 그 즉시 온 인류를 멸망시킬 수 있지만 회개할 수 있는 방법과 길을 만들어 주신 것이다.

하나님이 결정하신 그 계획이 바로 "그들의 날은 백이십 년이 되리라"(창 6 : 3) 즉 사람에게 기회를 주시려는 뜻이다. 이처럼 백이십 년이라는 수에는 하나님의 깊은 뜻이 몇 가지가 있을 수 있다.

첫째는 홍수 심판이 120년 후에 있게 될 것이라는 뜻이 있다.

하나님은 전능하신 분이다. 전능하신 분이 홍수가 즉시로 오게 할 수도 있지 않겠는가? 하지만 모든 것을 계획을 하고 실행하시는 하나님인데 사람을 멸망시키는 것을 그렇게 계획도 없이 가볍게 실행하실 리 없다.

둘째는 홍수 심판이 있을 120 년 이전에 방주가 지어질 것이라는 뜻이다.

홍수로 인류를 모두 쓸어버리려는 뜻이 있지만 사람을 사랑하시는 하나님인데 그래도 한 사람이라도 구원하고자 하시는 마음이 있으셨다는 것을 알 수 있다. 방주를 지으신 뜻이 바로 거기에 있는 것이다. 한 사람이라도 방주에 들어오는 사람만은 구원이 될 수 있도록 기회를 주시려는 뜻이다. 그 시한이 바로 120 년이다. 그러니까 그 120 년 이전에 방주는 완성돼야 하는 것이다. 건조완료가 100년이든 80년이든 120년 이전이라는 뜻이다.

셋째는 죄를 회개하고 방주로 들어가야 될 시한이 120 년이라는 것이다.

"그들의 날"이라고 한 뜻이 무슨 뜻인지 확실한 설명이 없다. 그러나 그 숫자에는 신비가 있다. 사람을 쓸어버릴 뜻이 계시고 노아에게 방주를 지으라고 명령하신 것은 분명 하나님의 계획이 있다는 것을 알 수 있다. 방주를 지었으면 사용해야 될 때가 있을 것 아니겠는가? 그래서 죄를 깨닫고 방주에 들어갈 때를 정하신 것이 "그들의 날은 120 년이 되리라" 즉 120 년이 되기 전에 회개하라고 시한을 정하신 것이다.

넷째는 모든 인류가 회개하고 하나님께로 돌아와야 될 시한이 120 년이라는 것이다.

120 년의 시한은 노아의 때 사람만 위한 것이 아니라 모든 인류에게 주신 시한이다. 우주 만물을 창조하신 하나님이 인류에 대한 계획이 홍수로 멸망시키는 것이 전부는 아니라는 뜻이다. 하나님은 온 인류의 하나님이시니까 인류를 향한 계획도 있으신 것이다. 그래서 노아 이후에 사람의 최대수명을 120 년으로 하시되 수명을 120 년으로 주시는 것이 목적이 아니라 그 수명을 사는 120 년 동안에 회개하고 하나님께로 돌아오기를 기다리시는 시한인 것이다.

사람을 사랑하시는 하나님의 근심이 가득한 계획이다. 하지만 120 년이라는 숫자에 우리 하나님의 사람을 사랑하는 마음이 가득 차 있다는 사실을 알아야 한다.

18. 하나님이 사람을 사랑하신다는 표지

믿는 성도들은 말하기를 "하나님은 사랑이시다."라고 한다. 또 "하나님은 나(우리)를 사랑하신다." "우리는 하나님의 사랑 안에 있다."고도 한다. 그러면 하나님께서 사람을 사랑하신다는 어떤 특별한 근거가 있어서 그렇게 말을 하는 것일까?

물론 성경에도 "사랑하는 자들아 하나님이 이같이 우리를 사랑 하셨은즉 우리도 서로 사랑하는 것이 마땅하도다"(요일 4 : 11)라고 하셨다.

사람을 사랑하는 사랑이 하나님께로부터 왔으니 사람도 서로 사랑하는 것이 옳다는 뜻 아니겠는가? 사랑의 근원이 하나님이시라는 이야기다. 그러면 하나님께서 사람을 사랑하셨다는 확실한 증거의 표지를 찾을 수 있지 않을까? 그 표지가 있다면 무엇일까?

예를 들어 부모는 자식을 사랑한다. 부모가 자식을 사랑하는 사랑은 자식이 예쁘고 귀엽기 때문에 사랑하는 그런 정도의 사랑이 아니다. 부모의 자식 사랑은 자식이 인물이 예쁘지 않아도 부모는 자식을 지극히 사랑한다. 오히려 자식을 위해 목숨이라도 대신할 수 있을 정도로 사랑한다.

그렇다면 부모가 자식을 그토록 사랑하는 근거가 무엇일까?

부모가 자식을 사랑하는 근거는 부모가 자신을 닮은 생명체인 아들, 딸을 생산했다는 신비함 때문이다. 사람이 자신을 닮은 또 다른 생명체를 생산한다는 것은 참으로 신비가 아닐 수 없다. 사람이 그런 신비한 능력을 가진 존재는 분명 아니다. 그런데도 사람은 자신을 닮은 자손을 생산한다. 어떻게...? 우리 몸에 우리도 몰랐던 유전자(DNA)가 있기 때문이다. 그 유전자(DNA) 때문에 사람은 자신을 닮은 자손을 낳게 되는 것이다. 그러기 때문에 자식을 사랑하되 목숨까지도 대신할 각오로 사랑하는 것이다.

그러면 하나님께서는 무슨 이유로 사람을 그토록 사랑하시는가?

사람이 아버지라 부르는 육신의 부모가 자식을 사랑하는데 우리가 아버지라 부르는 영의 아버지 하나님께서 자손 된 인류를 사랑하시지 않겠는가? 하나님은 사람을 창조하신 아버지요, 사람을 생산하신 아버지시기 때문이다. 그러기 때문에 부모가 자식을 사랑하는 것과 마찬가지로 하나님 아버지가 사람을 사랑하시는 것은 같은 이치이다.

첫째 하나님 아버지께서 사람을 사랑하시는 이유는 하나님께서 사람을 하나님의 형상과 모양을 닮도록 창조(낳았음)하셨기 때문이다(창 1 : 27). 즉 닮았다는 뜻은 하나님의 유전자(DNA)를 사람(아담)의 몸에 넣어 주셨다는 뜻이다. 그래서 하나님이 창조하신 첫 사람 아담도 자기의 모양과 형상을 닮은 아들을 낳게 되었던 것이다(창 5 : 3).

왜냐하면 하나님께서 아담에게 유전자를 주셨기 때문이다. 그래서 그후 모든 인류는 하나님이 주신 그 유전자로 인해 하나님을 닮은 사람(자손)을 낳게 되는 것이다. 그것이 모든 사람이 유전자를 가지고 있고 모든 사람이 자신을 닮은 자손을 생산하는 이유다.

또한 우리 하나님께서는 유전자(DNA)가 종류대로 유전이 되도록 온 인류의 모든 족속을 한 혈통으로 만드셨다는 사실이다(행 17 : 26). 그래서 자식은 부모의 피를 받아 태어나기에 피는 속일 수가 없는 것이다.

둘째 우리 하나님 아버지께서 사람을 사랑하신다는 사실을 보여주는 표지는 죄로 인해 구원이 될 수 없는 인류를 하나님은 외면하지 않고 끝까지 사랑하고 계시다는 사실이다. 그 증거로 하나님께서는 독생자 예수 그리스도를 속죄 제물로 주셔서 십자가에서 죽게 하셨다는 사실이다. 왜냐하면 인류는 하나님 자신이 낳은 사랑하는 자손이니까, 비록 죄인이지만 자식을 사랑하는 아버지의 심정으로 죄를 속량하신 것이다. 그것이 바로 하나님 아버지께서 자손 된 사람을 사랑하시는 이유다.

19. 살기 위해 왔다가 죽어 남길 수 있는 것

　사람이 세상에 태어나는 것은 살기 위해서일까, 죽기 위해서일까?

　그것을 질문이라고 하나? 죽기 위해 세상에 오는 사람이 어디 있겠나? 살기 위해 세상에 태어나지. 물론 맞는 말이야. 하지만 세상에 태어난 사람은 결국은 모두 죽는다는 것은 부정할 수가 없지. 그렇다면 정답은 사람이 세상에 살기 위해 태어나지만 죽음을 향해 가려는 것이 아닐까?

　그러면 인생은 과연 무엇이라고 하는 것이 좋을까?

　인생은 살기 위해 세상에 태어났다가 죽음을 향해 가는 것이다라고 하는 것이 어떨까? 우리 조상들도 세상에 왔다가 다 돌아갔고, 성경에 등장하는 인물들도 났다가 모두 돌아갔지 않은가? 창세기 5장에도 첫 사람 아담은 구백삼십 세를 살고 죽었더라. 라고 기록되었고, 그의 족보에 기록된 그의 후손들도 모두 살고 죽었더라고 기록하고 있다. 결국 세상에 살기 위해 태어났던 모든 사람은 죽고 세상에는 더 이상 존재하지 않는다.

　그러면 사람은 죽어 세상에 남기는 것이 하나도 없을까?

첫째 사람은 죽었지만 이름을 남긴다

사람은 살다가 결국 죽음으로 세상에서의 삶을 마감하게 된다. 그렇게 되면 세상에서 그 사람의 삶의 흔적은 죽어 흙으로 돌아간 그 사람의 묘뿐이다. 헌데 그 묘에는 반드시 그 묘지 주인의 이름이 있게 마련이다. 그러니까 사람이 죽어 남기는 것은 오직 묘지의 주인이라는 이름뿐이다.

만약 그의 묘가 없어 보이지 않아도 그 가족의 족보에 분명 그 사람의 이름이 기록되어 있으니 이름만 남기고 갔다는 뜻이 된다. 세상에 살다 돌아간 아담의 후손들은 그들의 묘지가 어디 있는지 알 길이 없다. 그러나 그들의 이름만은 5-6천년이 지났는데도 아담의 족보에 똑똑히 남아 있다.

셋, 에노스, 게난... 에녹, 므두셀라, 라멕, 노아의 이름이 기록되어 있고... 자녀를 낳았고... 살고 죽었더라. 라고 기록하고 있다.

둘째 인생은 죽어 숫자를 남긴다

돌아간 사람들의 묘지에 가보면 그의 비석에 반드시 기록되는 것이 있다. 그것은 그가 세상에 태어난 날과 돌아간 날자의 기록이다. 즉 그가 세상에 몇 년에 태어나서 몇 년에 죽었다고 하는 살았던 향년의 연수가 기록되어 있다는 이야기다.

"아브라함의 향년이 백칠십오 세라" 아브라함의 수명이다. 즉 사람이 죽어 남기는 것은 이름과 숫자다.

셋째 인생은 하나님이 주신 복은 남길 수가 없다

사람이라는 존재는 하나님이 창조하실 때 생기를 코에 불어 넣어 주시면서 생명력을 주셨고(창 2 : 7) 복을 주셨다.

> "생육하고 번성하여 땅에 충만하라, 땅을 정복하라, 바다의 물고기와 하늘의 새와 땅에 움직이는 모든 생물을 다스리라"(창 1 : 28)고 하셨다.

사람이 죽어 이름과 향년의 연수를 남기고 가지만 살아 있는 동안에는 잠을 자다 돌아가는 것이 분명 아니다. 향년이 70이든 80이든 열심히 살다가 기운이 다하면 두 손 놓고 돌아가는 것이다. 그러니까 사람은 하나님이 주신 생명력을 살아 있는 동안에 행사하는 것이고 복은 받아 누리는 것이지만 죽어 남기는 것이 아니기 때문이다.

> "그의 나이가 높고 늙어서 기운이 다하여 죽어 자기 열조에게로 돌아가매"(창 25 : 8)

그렇다면 죽어 남기지도 못할 것을 왜 그렇게 열심히 일을 하는가?

그것은 하나님께서 생명력을 주셨기 때문이고, 하나님께서 주신 복을 받아 누리기 위해서이다. 생명력과 복은 하나님이 주시지만 생명력을 가지고 열심히 살아가는 것과 생육하고 번성하여 땅에 충만하고 땅을 정복하는 것은 사람의 몫이기 때문이다. 하지만 하나님께서 주신 복은 받아 누릴 수는 있지만 사람이 죽어 가지고 돌아가거나 죽은 사람의 몫으로 남기고 갈 수는 없는 것이다.

"아브라함의 향년이 백칠십오 세라
그의 나이가 높고 늙어서 기운이 다하여 죽어 자기 열조
에게로 돌아가매"(창 25 : 7-8)

20. 사람은 동물에 속할까?

우리말에 인면수심(人面獸心)이라는 말이 있다. 사람의 얼굴을 하고서 짐승의 마음을 가지고 있는 사람을 가리키는 말이다. 사람이 짐승의 마음을 가지고 있다면 짐승만도 못하다는 뜻에서 하는 말이다.

사람은 마땅히 사람의 심성을 가지고 있고 인격을 가진 존재인데 짐승의 마음을 가지고 있다면 그는 인격도 양심도 다 잊어버리고 마치 동물처럼 살고 있다는 뜻일 것이다.

그런데도 혹 사람들 중에는 사람은 동물이라고 생각하는 사람이 있는 것 같다.

물론 사람은 동물과 마찬가지로 움직이면서 먹고 마시며 생명활동을 하고 있는 것만은 사실이다. 그리고 생물학적 관점으로 볼 때도 사람을 동물로 분류할 수도 있기 때문에 사람이 동물이라고 당연히 생각할 수 있을 것이다. 하나님께서도 그 사실만은 인정하고 계시는 것 같다.

"인생이 당하는 일을 짐승도 당하나니 그들이 당하는 일

이 일반이라 다 동일한 호흡이 있어서 짐승이 죽음같이
사람도 죽으니 사람이 짐승보다 뛰어남이 없음은..."
(전 3:19) 이라고 하셨다.

또한 "다 흙으로 말미암았으므로 다 흙으로 돌아간다." 고
도 하셨다.

하지만 사람을 창조하신 하나님께서는 단 한 번도 사람을
동물이라고 하신 일이 없다. 왜냐하면 하나님께서는 동물과
사람을 창조하신 방법과 목적을 완전히 구별하셨기 때문이
다. 하나님께서는 사람을 하나님 자신의 형상대로 창조하셨
고, 사람을 자녀라고 하시면서 동물과는 엄연히 구분하셨다.

하나님은 동물을 명령으로 창조하셨지만 사람은 하나님이
직접 하나님의 손으로 사람의 몸을 지으시고 하나님의 영을
불어 넣어주셔서 영적 존재로 창조하셨기 때문이다. 그리고
하나님은 사람을 사랑의 대상으로 창조하셨고, 교제의 대상
으로, 대화의 대상으로 창조하셨지 동물처럼 자연에서 살다
가 자연으로 돌아가도록 하신 것이 아니다. 오히려 하나님은
사람에게 만물과 모든 생물을 다스리는 권한까지도 주셨다.
그러니까 사람은 절대 동물일 수가 없다.

창세기 8 : 19 "땅 위의 동물 곧 모든 짐승과 모든 기는 것과 모든 새도 그 종류대로 방주에서 나왔더라."고 하셨다.

노아 홍수로 심판하신 후에도 동물에 속한 것들, 즉 모든 짐승과 모든 기는 것과 모든 새들이 방주로부터 나왔다는 이야기다. 사람은 동물에 속하지 않는다는 뜻이 있다. 그러니까 사람은 동물도 아니고 더욱이 짐승도 아니다.

창세기 9 : 3 "모든 산 동물은 너희의 먹을 것이 될지라 채소 같이 내가 이것을 다 너희에게 주노라."고 하셨다.

하나님께서 살아 있는 동물들은 채소 같이 사람의 먹을거리로 주셨다는 말씀이다. 창조 당시에는 사람의 먹거리로 채소나 과일을 주셔서 채식만을 하도록 하셨던 것을 노아 홍수 후부터는 사람에게 육식을 하도록 허락하셨다는 뜻이다.

무엇보다도 사람은 동물에 비해 그 기능(능력)이 다르다.

하나님은 전지전능하셔서 우주 만물을 창조하셨지만 사람은 하나님처럼 전능하지는 못하지만 제한적으로 하나님의 속성을 소유하도록 하셨다.

하나님이 창조의 능력이 있으신 것처럼 사람에게도 창조력을 주셨고, 언어를 주셨으며, 생각하고 계획하고 판단하는 능력을 주셨다. 물론 제한적이다. 그래서 사람은 문명을 계속 발전시킬 수 있으며 문명이 첨단에서 첨단으로 계속 발전해 가고 있는 것이다.

그러나 동물은 아무리 세월이 흘러도 말로 서로 의사를 소통할 수 있는 언어가 없고 집을 건축할 계획을 할 수도 없고, IT 산업을 일으킬 계획도 할 수 없고, 장래에 대한 희망을 가질 수도 없는 것이다. 하나님께서 "땅은 생물을 그 종류대로 내되…"라고 명령하신 것처럼 동물은 자연에서 나서 자연으로 소멸되어 가는 존재다. 그러나 사람은 자연에서 나서 소멸되는 존재가 아니라, 하나님께로부터 나서 하나님께로 돌아가는 귀한 존재다. 그래서 사람은 세상에 나서 살다가 세상을 떠나 하나님께로 돌아갈 때까지 계속해서 하나님의 사랑과 돌보심이 필요한 존재다.

사람은 하나님이 창조하신 생명체로서 으뜸이지만 처음 태어났을 때 앉지도 못하고 서지도 못하며 스스로 먹지도 못하고, 눈도 귀도 그 기능을 발휘하지 못했다. 늙어서 죽기 전에 다시 그런 현상이 다시 있게 되는 것이 바로 우리 아버지이신 하나님의 사랑과 돌보심이 필요하기 때문인 이유다. 사람은 하나님의 사랑의 대상이지 동물이 아니기 때문이다.

21. 당신도 무슨 느낌이 있는가?

화단에 꽃이 예쁘게 피었다. 왜 꽃은 예뻐야 할까? 그 아름다운 자태를 누구에게 보여 주려고...? 아니면 누굴 유혹하려고...? 그렇지 않으면 스스로 뽐내 보려고...? 식물이 그런 감정이 있을까? 글쎄...

여하튼 꽃이 예쁘게 피니까, 벌도... 나비도... 벌새도... 꽃을 향해 날아든다. 꽃이 너무 아름다워서일까? 유혹을 받아서일까? 뽐내는 모습을 보려는 것일까? 이는 분명 꽃도 벌과 나비, 벌새도 서로 통하는 느낌이 있어서일 것이다.

시인이나 화가, 작곡가는 느낌(영감)이 있어야 시나 그림, 작곡을 할 수 있다고 한다. 시인, 화가, 작곡가가 아름다운 꽃과 그 꽃에 날아드는 벌이나 나비를 본다면 아마도 시를 쓰거나 그림을 그리려는 느낌을 갖게 될 것이다.

이처럼 살아있는 것들은 나름대로 자기들만의 느낌이 있는 것 같다. 그 느낌은 식물에게도, 동물에게도, 사람에게도 있다. 그 느낌의 정도와 모양은 다를지라도 분명 느낌이 있는 것은 사실인 것 같다.

식물도 봄에는 어린 싹이 나서 자라며 잎이 피고... 여름에는 무성하게 성장하고... 가을에는 열매를 맺고... 겨울에는 잎이 떨어지고... 이는 식물이 계절을 느끼고 있다는 뜻이다. 또 해바라기는 해를 향해 꽃이 피고... 나무의 뿌리는 물을 찾아 땅 속을 헤매고... 이 또한 살아 있는 것들은 생명력이 있기에 나름대로 감각이 있어서 필요한 빛과 물을 찾아 가는 것이 아니겠는가?

약한 동물은 강자가 나타나면 도망을 가야하고... 파리는 자신을 잡으려는 파리채를 잽싸게 피하고, 멀리서도 뜨거운 물체를 어떻게 알았는지 뜨거운 그릇에는 절대 접근하지 않고... 잡힐 것 같은 벼룩은 언제 튀었는지 없어지고... 사자와 호랑이는 먹잇감이 보이면 몸을 낮추어 기어가고... 수백 km 밖에다 버린 개와 고양이는 고생스러워도 주인집을 찾아 돌아오고... 이는 동물들에게도 느낌이 있다는 뜻이다.

허면 저들이 똑똑해서일까? 지혜가 있어서일까? 식물과 동물이 똑똑하거나 지혜가 있을 리가 만무하다. 그렇지 않다면 그런 느낌이 저절로 생긴 것일까? 천만의 말씀이다. 저절로 생긴 것이 그렇게 질서가 있을 리가 없다. 그렇다면 누가 그들에게 그런 감각을 주었을까, 생각해 보라. 참으로 신비한 일이 아닌가?

사람은 눈으로 보며... 귀로 들으며... 코로 냄새를 맡으며... 입으로 먹어보며... 손으로 만져 보면서 느낀다. 만약 사람에게 그런 느낌이 없다면 사람의 삶이 어떤 모습일까? 그런 느낌이 있으니 우리의 삶이 풍요로운 것 아닐까?

그러면 그런 느낌이 어떻게 우리에게 있게 된 것일까? 사람이 똑똑해서... 지혜가 있어서... 저절로...? 아니다. 이는 분명 하나님께서 주신 것이다.

한 번 깊이 생각해 보라. 만약 하나님께서 사람에게 느낄 수 있는 감각을 주시지 않았다면 내 모습이 지금 어떤 모습일까?

내가 눈으로 본 물체들의 색과 모양이 구별이 안 된다면...

내가 보고 있는 상대방의 움직이는 속도가 구별이 안 된다면...

귀가 있어도 어떤 소리가 들리지도 느끼지도 못한다면...

코로 냄새를 맡아 보려고 해도 전혀 냄새를 맡을 수 없다면...

입으로 음식을 먹어도 달아야 될 것이 쓰고, 써야 할 것이 달다면...

손으로 만져보아도 무엇인지 구별이 되지 않는다면...

피부의 감각으로 뜨거운 것도 아픈 고통도 느낄 수 없다면...

그 얼마나 답답할까? 하지만 내게 감각이 있다는 것, 얼마나 감사한 일인가?

그런데 때로 부분적이나마 느낌이 없는 사람이 있을 수 있다. 그 여러 기관 중에 한 기관만 느낌이 정상적이 아니라도 그 얼마나 견디기 어려운 고통일까?

혹 시력을 잃을 때... 청력을 잃었을 때... 미각이나 후각을 잃었을 때... 피부에 감각을 잃을 때... 부분적으로나 전신적으로나 마비가 될 때... 늙어서 감각이 퇴화될 때...등

그러나 분명한 것은 하나님께서 생명과 감각을 함께 주셨다는 사실이다. 그 감각으로 당신이 지금도 느끼고 있다면 감각을 주신 분에게 감사 하면서 살아야 될 것이다. 내게 그런 감각을 주신 하나님께...

22. 인생은 시행착오(試行錯誤)

시행착오(試行錯誤 : trial and error)라는 말이 있다. 단어가 뜻하고 있는 것처럼 그 정확한 답을 말하기에도 그리 쉽지는 않다. "일을 시행했는데 착오가 생겼다. 일을 하는데(시행)서 생기는 잘못, 일을 잘 하려고 했는데 잘못됐다. 시행착오를 겪으면서 바르게 배워간다." 등으로 답을 할 수가 있다.

성경에 보면 아브라함은 복의 근원이요, 믿음의 조상이다. 그가 하나님의 명령과 인도를 따라 하란을 떠나 가나안으로 들어갔다. 하나님께서 "내가 이 땅을 네 자손에게 주리라"고 하신 약속을 따라 갔던 곳이다. 그 때 가나안에 기근이 심해서 애굽에 거류하려고 내려갔다고 했다. 애굽에 가까이 갔을 때 아브라함이 아내 사라에게 제안을 했다. 왜냐하면 아내는 아리따운 여인이기 때문에 애굽 사람들이 아내는 살리고 자기는 죽일까 염려가 되었기 때문이었다. 결국 거기서 아브라함은 시행착오를 한 것이다. 본래 하나님은 사람을 모양도 성품도 완전한 존재로 만드셨다.

창세기 1 : 27 "하나님이 자기 형상 곧 하나님의 형상대로 사람을 창조하시되 남자와 여자를 창조하시고"라는 기록이 있다.

하나님은 사람을 시행착오를 하도록 허술하게 만들지 않으시고 하나님을 닮은 완벽한 존재로 만드셨다는 뜻이다. 이 말씀대로 사람이 하나님의 형상을 닮았다면 시행착오를 할 이유가 없잖는가? 그런데도 사람은 계속 시행착오를 하면서 살아가고 있다.

아기가 태어나 자라면서 걸음마를 배울 때 몇 번이나 넘어진다고 하는가? 약 2,3천 번이나 넘어져야 비로소 바로 걸을 수 있다고 한다. 또 아기가 말을 배울 때 엄마나 다른 사람에게 한 단어의 뜻을 알기 위해 얼마나 많은 질문을 하는가? 묻고 또 묻고를 수도 없이 많이 한다. 즉 아기가 걷거나 말을 배우기 위해서 시행착오를 수 없이 하면서 배워간다는 뜻이다.

그러면 하나님의 형상으로 창조된 첫 사람 아담은 언제부터 시행착오를 했을까? 하나님이 선악을 알게 하는 나무의 열매를 먹지 말라고 하셨는데 아담이 그 열매를 따먹은 때로부터 시행착오를 하기 시작했다. 하나님의 명령을 어기고 먹지 말라는 열매를 제 맘대로 먹은 것이 죄가 되었기 때문이다. 물론 사탄의 유혹도 있었다. 아담의 시행착오였다. 그 후 모든 인류가 하나같이 모두 시행착오를 하면서 살아가고 있다. 마치 시행착오가 사람의 사는 목표인 것 같이 되고 말았다. 아무리 잘 하려고 시행을 해도 결국 착오로 끝날 수밖에 없기 때문이다.

노아, 아브라함, 이삭, 야곱, 유다... 그리고 다윗, 솔로몬... 이들은 구약시대의 믿음의 사람들이지만 시행착오를 한 사람들이다. 또 베드로, 바울, 도마... 이들은 신약시대의 사도들이지만 이들 역시 시행착오를 했다. 성경에 등장하는 많은 인물들이 시행착오를 했다는 이야기다. 베드로는 예수님의 수제자인데도 예수님을 모른다고 부인하는 착오를 했고, 바울은 하나님에게 열심을 다하는 사람인데도 예수님을 믿는 사람들을 핍박했다. 도마는 예수님의 부활을 믿지 못한다고 했다. 모두가 자신의 생각대로 살다가 시행착오를 하는 우를 범한 것이다.

마치 사람의 사는 목적이 성공이나 일의 성취가 아니라 시행착오인 것 같다는 생각이 들 정도다. 왜 그런가? 사람은 아무리 일을 많이 성취했어도 결국은 아무것도 손에 가지고 돌

"모든 육체에게 먹을 것을 주신 이에게 감사하라 그 인자
하심이 영원함이로다" (시136:25)

아가지 못하고 한 줌 흙으로 돌아가는 존재이기 때문이다. 사
람이 그렇게도 성취하려고 노력한 권력, 명예, 예술, 재물...
그 모든 것을 가지고 갈 수 없기 때문이다. 결국 인생의 종말
은 사람이 그렇게도 얻으려고 노력하면서 시행했던 모든 것
들이 인생의 마지막에는 착오로 끝을 맺는다는 이야기다.

23. 착각으로 사는 똑똑한 인간

우주 만물 중에 사람처럼 똑똑한 존재는 분명 없는 것 같다. 세상에 어떤 영장류가 사람처럼 지혜롭게 생각을 하고, 정확한 판단을 할 수 있겠는가?

사람은 자신의 삶을 계획하고 설계를 하기도 하고, 사건 상황을 판단하기도 하고, 미래를 예측하기도 한다. 오늘날 첨단 문명의 혜택을 누리며 살 수 있는 것도 역시 인간이 똑똑해서 얻어진 결과인 것만은 사실이다.

그렇게 똑똑한데도 사람은 모르는 것이 너무도 많은 것 같다. 문제는 모르면서도 아는 척한다는 것이다. 착각을 하면서도 착각을 하는 줄도 모르고, 모든 세상 일이 자기 생각대로이고, 자기 생각이 꽤 훌륭한 줄 알고 산다는 이야기다.

사람은 태어날 때부터 짐승이 아닌 사람으로 태어난다. 분명한 것은 태어날 때 어떤 동물보다도 무능한 존재로 태어난다는 사실이다.

세상에 새로 태어나는 모든 아기 동물들은, 사람으로 태어나는 아기보다 기능적으로 훨씬 유능하다는 사실이다. 동물들은 알을 통해서 태어나든지, 모체의 태에서 태어나든지 태어나자마자 스스로 움직이며 살아갈 준비가 되어 있다.

그런데 똑똑한 사람은 모태에서 태어나도 스스로는 살아갈 준비가 되어 있지 못하다. 스스로 앉지도 못하고, 서지도 못하고, 기어 다니지도 못한다. 어머니가 먹여줘야 먹고 뉘어줘야 눕는다. 그렇게 무능하게 태어나는 존재가 사람이다.

사람이 자신의 생명을 스스로 얻어 가질 수 있는가? 아니다. 그런데도 사람은 생명을 자기의 생명인 줄 알고 살아간다. 착각이다. 만약 생명이 자기 것이라면 누구도 그의 생명을 빼앗아 갈 수가 없을 것이다. 자기 생명이 자신의 소유라면 자신의 뜻으로 천년인들 살지 못할 이유가 있겠는가?

그런데도 자신이 세상에 있는 것이 마치 자기 능력인줄 알고 있다는 것이다. 자신이 어떻게 생명을 얻었는지, 왜 세상에 사는지 모르면서도 말이다. 그런데도 부와 명예와 권력이 자기가 똑똑해서 만들어 가진 것처럼, 마치 자기 소유인 것처럼 생각을 한다. 사실은 그 모든 것이 영원한 내 소유가 될 수 없는데도 말이다. 내 것인 줄 아는 것, 그 생각이 결국은 착각이다.

지구의 나이를 "억"이라고 생각하는 것은 착각이다.

많은 사람들이 지구의 나이를 말할 때 숫자에 "억"을 붙인다. 그것도 두 자리나 세 자리 숫자에다 "억"을 붙이기를 좋아한다. 자신의 생명조차 무엇인지, 어떻게 얻었는지, 생명체가 언제부터 존재하는지도 모르는 존재가 지구의 나이만큼은 잘 아는 것처럼 "억" 이라 생각하는 것은 큰 착각이다.

그 "억" 이라는 숫자는 역사가가 발견했는가? 고고학자가 발굴해서 얻어진 것인가? 아무도 발견했거나 증명된 일이 없는 숫자다. 그 숫자는 그 사람만 착각하고 있는 숫자가 아니라, 많은 다른 사람에게도 착각하도록 만드는 숫자다.

왜 사람이 그런 착각에서 살고 있을까? 이는 아마도 똑똑한 사람들이 우주 만물이 자연적으로 생성되었다고 믿는데서 오는 생각 때문일 것이다. 물론 그도 착각이다. 물질은 자연적으로 생성될 수 없기 때문이다.

사람에게 착각이 아닌 것이 있다. 사람이 물질은 자연적으로 생성 될 수 없다고 하는 사실을 인정한다면, 만물을 하나님이 창조 하셨다는 사실을 믿어야 된다는 것과 영원과 그 영원을 사모하며 살았던 사람에게 있는 소망이다.

우리의 착각은 다 없어져도 우리가 소망하고 있는 그 영원은 하나님이 약속하신 분명한 소망이 되기 때문이다. 그러나 그 소망도 내가 노력해서 얻어진 것이라고 생각한다면 그 생각도 역시 착각이 될 수 있다.

그 영원에 대한 소망은 내가 노력해서 가진 것이 아니라 하나님이 선물로 주신 것이기 때문에 믿는 자에게 보증이 되는 것이다.

24. 믿는 방법도 바꿔야 되지 않을까?

우리가 살고 있는 이 세상은 변화가 많다. 아니 변화해야만 한다. 하나님께서 세상을 영원히 존재하도록 창조하시지 않았기 때문이다.

시간을 창조하셨으니 시간은 흐르게 마련이고, 시간이 흐르면 식물도 동물도 사람도 나이가 많아지니 늙고 시들고 병이 들고 그러다 결국 죽음에 이르니 분명 변하는 것이다.

기후도 가만히 있지를 않는다. 추웠다, 더웠다, 비가 올 때도 눈이 올 때도 있다. 장마철이 오는 때도 있고 태풍이 오는 때도 있다. 그렇게 자연현상으로 오는 변화가 있는가 하면 인위적인 변화도 있다.

세상에는 매일 매 순간마다 새로운 제품들이 쏟아져 나온다. 그 중에는 생전 듣지도 보지도 못한 것들이 대부분이다. 그야말로 모두가 새 것들이다. 그런데 주전 3천년 이전에 이미 성경은 이 세상에는 새 것이 없다고 선언하고 있다.

"이미 있던 것이 후에 다시 있겠고 이미 한 일을 후에 다시 할지라 해 아래에는 새 것이 없나니 무엇을 가리켜 이르기를 보라 이것이 새것이라 할 것이 있으랴"라고 했다.

왜 새 것이 없을까? 세상 사람들이 과학의 원리를 전혀 모르고 있을 때였는데도 성경은 과학의 원리를 기록하고 있기 때문이다. 다시 말하면 성경에는 신학적 원리도 있고, 과학적 원리도 있다는 뜻이다. 그러면 이 말씀이 무슨 과학 원리인가? 질량불변의 원리, 에너지 보존 법칙의 원리이다. 아무리 과학적 방법으로 새 것을 만들어냈다고 해도 그것은 이미 있던 것이 다시 있는 것이고 이미 한 일을 다시 하는 것이다. 재활용의 원리라는 이야기다. 그래서 세상에는 새 것이 없다는 뜻이다.

우리는 지금 현 시대를 첨단 문명의 시대라고 한다. 그것은 아무도 부정할 수가 없다. 불과 100년 전에는 전혀 없었던 문명을, 지금은 우리가 그 혜택을 누리고 살고 있으니 그 사실을 누가 부정하겠는가?

그렇다면 지금의 첨단 문명을 이끌어 온 과학이 어떤 분야일까? 그것은 두 말할 것도 없이 생명공학, IT기술 산업, 나노기술 등이다. 백 년 전에 살았던 사람들은 생명공학이나, 인터넷, 스마트폰, 나노기술.. 그런 단어조차 들어보지 못했을 것이다. 아무도 그런 기술로 오늘과 같은 편리한 세상이 오리라고는 예상도 못했을 것이다. 그런데 그 후 불과 100년 동안 세상은 첨단문명시대로 바뀌고 사람들의 삶의 방법이 완전히

변했다는 이야기다.

그렇다면 과학자들이 생명공학을 연구해서 생명을 만들었나? 아니면 과학자들이 생명을 창조했나? 하지만 사람은 생명을 만들 수도 없고, 창조할 수도 없는 존재다. 아니 자신이 살아 있으면서도 생명이 무엇인지 모르는 존재가 사람이다. 그런데도 세상에는 이미 생명이 존재해 있기 때문에 과학자들이 생명공학을 연구할 수 있었던 것이다. 그러면 생명이 이미 세상에 있었다는 뜻이 무엇인가? 생명을 창조하신 생명의 주인이 이미 계셨다는 뜻이다.

오늘날 문제는 그러한 문명의 혜택을 누리고 있는 사람들의 눈이다. 첨단 문명을 이끌어낸 과학은 보이고 그 과학을 연구할 수 있는 근거와 재료를 창조하신 하나님은 보이지 않기 때문이다. 사람은 하나님께서 천지를 창조하신 후부터 하나님을 믿고 섬겨왔다. 그런데도 하나님을 섬기던 믿음은 그 때나 지금이나 별 변화가 없는 것 같다. 쉽게 비교하면 과학은 100년 동안 과학의 발전으로 삶의 방법을 첨단으로 바꿔 놓았는데, 믿음은 100년 전이나 지금이나 믿는 방법을 조금도 바꾸지 않았다는 이야기다.

왜 그럴까? 믿는 자들의 생각에는 진리는 과거나 현재나 미래나 변함이 없다는 생각 때문일 것이다. 그렇다면 하나님께서는 사람이 믿고 변화되는 것을 싫어하시는가? 아니다. 절대 아니다. 하나님이 계명을 주시고 율법을 주신 이유는 변하라고 주신 것이다. 진리는 변하지 않지만 믿음으로 사는 사람들의 삶은 변화되기를 원하시는 것이 바로 하나님의 뜻이다.

성경이 무엇이라고 권하는가?

"너희는 유혹의 욕심을 따라 썩어져가는 구습을 따르는 옛 사람을 벗어 버리고 오직 너희의 심령이 새롭게 되어 하나님을 따라 의와 진리의 거룩함으로 지으심을 받은 새 사람을 입으라"(엡 4 : 22-24)고 하셨다.

하나님의 뜻이 그렇다면 믿는 방법도 바꿔야 되지 않을까? 왜 하나님의 말씀을 믿어야 되는지 증명이 될 수 있도록...

낙엽의 재주

바람이 재주를 부린다.
동으로 달려갔다 서쪽으로 달려갔다.
위로 솟았다. 아래로 내려오기도 한다.
엄청난 재주다.

낙엽이 부러워한다.
저도 재주를 부리고 싶어서다
드디어 한번 뒤집어 본다.
조금 날아도 본다.
이번엔 높이 날라 올라간다.
낙엽이 어깨가 으쓱해진다.
바람의 재주를 비웃게 돼서다.
나도 너만큼 재주가 있다고...

구석에 별 볼일이 없던
개똥이도 소똥이도 부러워한다.
낙엽이 재주를 부리는데
우린들 못하겠나고...
하지만 바람이 불어 주는데도
꼼짝도 할 수가 없다.

벽에 기대어 섰던 빗자루가 화가 났다.
마당만 어지럽힌다고...
그래서 낙엽과 개똥이 소똥이
이젠 다 쓸어버리겠다고...

25. 역사의 흐름을 바꾼 여인들

인류의 시조는 남자, 아담이다.

아담 이후 인류의 족보를 이루고 있는 모든 족보의 골격도 남자다.

하나님께서 남자를 통해 인류의 역사가 흐르도록 계획하신 것 같은 느낌이다.

하지만 인류 역사의 흐름을 크게 바꾸는 역할은 여자가 더 많이 한 것 같다.

그 시작을 아담의 배필인 하와가 테이프를 끊었다.

하나님께서 최초로 만들어주신 가정의 호주는 아담이다. 그 아담의 아내 하와는 하나님께서 아담의 배필로 만들어 주신 여자다.

바로 그 여자가 하나님께서 따먹지 말라고 경고하신 선악을 알게 하는 나무의 실과를 따먹고 남편인 아담에게도 주어 아담도 그 선악과를 먹었다. 하와는 하나님의 말씀과 법질서를 범한 그 죄로 인류 역사에 죄가 들어오도록 한 장본인이 되었다. 그래서 전 인류의 몸에 원죄라고 하는 유전자를 입력하도록 했다. 결국 하와는 인류의 구속사가 요구 되도록 한 여자다.

아브라함은 믿음의 조상이다. 하나님께서는 아브라함에게 "네 몸에서 날 자가 네 상속자가 되리라."는 약속을 주셨다. 하지만 아브라함이 100세에 육박하는데도 생산치 못하는 것을 그 아내 사라가 보고 자신의 몸종 하갈을 아브라함에게 주어 이스마엘을 낳도록 했다. 하나님의 약속을 기다리지 못한 육신적 생각이다. 마땅히 약속의 자손으로 역사가 흘러가야 하는데, 역사의 흐름을 크게 두 갈래로 갈라져 흐르도록 한 처사다. 그 결과 오늘날 인류역사에 얼마나 큰 문제를 만들어가고 있는가?

이삭은 아브라함이 하나님의 약속으로 낳은 아들이다. 그 이삭의 아내 리브가는 장자 에서보다 야곱을 더 사랑했다. 리브가의 그 사랑이 야곱으로 하여금 장자의 축복을 받아내도록 유도했고, 급기야 야곱이 이스라엘의 12지파를 생산하는 역할을 하도록 했다. 리브가가 이스라엘 역사의 흐름을 장자 에서로부터 차자 야곱으로 흐르도록 한 셈이다.

야곱은 죽기 전 12 아들에게 축복할 때 유다에게 "네 아비의 아들들이 네 앞에 절하리로다."라고 축복하고 "홀이 유다를 떠나지 아니하며"라고도 했다. 그런 축복을 받은 유다가 며느리 다말의 속임수로 다말을 통해 아들을 낳게 되었다. 씻을 수 없는 실수를 한 것이다. 하지만 그 결과 끊어질 번했던 예수님의 족보를 이어지게 하는 역할을 한 셈이다.

그 외에도 예수님의 족보를 이어준 여인들이 있다. 살몬은 라합에게서 보아스를 낳고 보아스는 룻에게서 오벳을 낳았다. 라합은 기생 출신으로 예수님의 족보를 잇도록 하였고, 룻은 이방 여인으로 예수님의 족보를 잇도록 한 여인이었다.

한나는 엘가나의 두 아내 중에 하나였는데, 그는 기도하는 어머니였다. 한나는 자식을   지 못해 하나님께 서원 기도를 드렸다.

> "만군의 여호와여. 만일 주의 여종의 고통을 돌아보시고 주의 여종을 잊지 아니하사 아들을 주시면 내가 그의 평생에 그를 여호와께 드리고 삭도를 그 머리에 대지 아니하겠나이다."

한나는 기도의 응답을 받아 사무엘을 낳았다. 사무엘은 한나의 서원대로 하나님께 드려진 하나님의 사람이 되었다.

에스터는 아하수에로 왕 때 유대인으로서 왕후가 되었다. 에스더는 부모가 죽은 후 모르드개가 딸처럼 양육한 처녀다. 당시 하만이라는 자가 아하수에로 왕의 신임을 업고 유대인을 멸하려고 모의하고 있을 때 "죽으면 죽으리라."는 각오로 유대인을 구해 냈다.

마리아는 예수님의 어머니다. 마리아는 요셉과 정혼한 상태에서 성령으로 잉태, 아들 예수 그리스도를 탄생시켰다. 마리아는 인류의 구세주 예수 그리스도를 낳은 여자가 된 것이다.

하와는 인류에게 원죄의 유전자를 입력해서 죄인을 만들었고, 마리아는 예수 그리스도를 낳으므로 예수님의 보혈로 원죄를 씻어 구속사를 완수하게 했다.

하나님께서 역사의 흐름을 여자들에게 맡기셨기 때문일까?

26. 살아있는 우리가 알아야할 것

우리 눈으로 세상을 볼 수 있다. 불신자도 신자도 똑 같이 세상을 볼 수가 있다. 그러나 각각 시각이 다르다. 불신자는 만물이 자연으로, 저절로 생성됐다고 보고, 신자는 우주 만물은 하나님께서 창조하신 창조물이라고 알고 있다. 그런데 공통점이 있다.

그 공통점이 무엇일까?

불신자도 신자도 세상 만물에는 시작과 끝이 있다고 하는 사실을 알고 있는 것이다. 생성과 소멸이 있다고 생각한다는 이야기다. 그것은 신자나 불신자나 똑 같다. 왜 그럴까? 모든 피조세계에는 믿든지, 안 믿든지 제한된 현실이 있기 때문이다. 사람이 태어나면 언젠가 죽는다는 현실이다. 그거 신자나 불신자나 똑 같다.

현실 세계에서는 생명체나 무생명체나 수명이 다하면 죽거나 썩거나 파괴되기 때문이다. 모든 것이 그런 원리라면 물체도, 생명체도 수명이 다한 후 보존해 둘 필요가 없다. 하지만

썩었다가도 오래 된 후에 다시 회생할 희망이 있다면, 충분히
간직해 둘 필요가 있을 것이다.

만약 사람도 동물처럼 자연으로 왔다 소멸하는 존재라면
특별취급을 할 필요가 없다. 그런데도 사람이 죽어 생명이 없
어 썩는데도 그 시신를 함부로 취급하는 일이 없다. 혹 사고로
시신의 행방을 몰라 찾지 못해도 어떻게든지 시신이라도 찾
아서 묘에 안치하려고 한다.

성경에 보면 장사(매장)는 하나님께서 아브람에게 처음 언
급하신 데서부터 시작이 된 것 같다.

> 창세기 15 : 15 "너(아브라함)는 장수하다가 평안히 조상
> 에게로 돌아가 장사될 것이요." 라고했다.

그 전에는 구백년 이상을 살다가 죽었어도 죽었다고만 기
록 되었지 장사했다는 말이 없다. 그 말씀에서 또 생각해 볼
의미가 있다.

오래 살다 죽어 장사 지내면 그것으로 그만이지 왜 조상에
게로 돌아가라 했을까? 조상이 살아 기다리고 있는가? 아니
잖는가? 조상들은 오래전에 다 죽은 사람들이다.

그런데도 조상에게 돌아가라 한 뜻은, 조상 역시 우리와 똑같은 영적 존재이기 때문이다. 육신은 죽었으나 영은 살아 있기 때문이 아니겠는가? 죽은 것이 아니기 때문일 것이다. 성경 말씀대로 조상들이 자고 있는 상태이기 때문이다. 그래서 조상에게로 돌아가라 한 것이다.

하나님은 사람을 하나님의 형상대로 창조하셨다. 하나님과 교통할 수 있는 영적 존재로 창조하셨기 때문이다. 하나님이 사람을 얼마나 사랑하셨는지 알 수 있는 대목이다. 하나님을 닮도록 창조하실 만큼 지극히 사랑하셨기 때문일 것이다. 그러기에 육신은 죽어도 영은 영원히 죽지 않는 존재로 만드셨던 것이다.

그래서 하나님은 사람으로 그 잠재의식 속에 영원을 사모하며 사는 존재로 만드신 것이다. 사람은 믿든 안 믿든 영원이라는 세계가 있다는 것을 알고 있는 존재다. 하나님께서 사람을 그런 존재로 만드신 것이다.

그렇다면 하나님이 나를 사랑하신 것처럼 나도 하나님을 사랑하고 섬겨야 되지 않을까? 하나님께 감사하면서 사는 것이 마땅할 것이다.

27. 시간이라고 하는 괴물?

사람들은 늙어가는 것을 좋아하지 않는 것 같다. 언제 벌써 내가 여기까지 왔는지... 라고 한탄하는 것을 보면... 내가 벌써 너무 늙었다는 것을 아쉬워한다는 이야기다. 사람을 그렇게 만드는 주범이 누구겠는가? 바로 시간이라는 괴물이다.

그러면 시간이란 도대체 무엇일까?

시간이란 것이 있기 때문에 사람이 젊고 씩씩하게 자라다가 그 젊음을 멈추게 하고 늙어가는 것일까? 만약 시간이란 것이 없었다면 사람이 늙지 않아도 되는 것일까? 분명한 것은 사람이 젊었을 때는 혈기가 왕성했는데 시간이란 것이 흘러가면서 사람이 점점 늙어가는 것만은 사실인 것 같다. 그렇게 흘러가는 시간을 우리는 세월이라고 하지 않는가?

그러면 그 시간이라는 것이 언제부터 생긴 것일까?

우주 만물의 역사나 인류의 역사를 자세히 들여다 보면 시간이라는 것이 없었던 때가 없었다. 시간은 언제나 역사와 함께 흘러오고 있었다. 시간이 없었다면 만물의 역사나 인류의 역사가 있을 수 없었다는 이야기다.

그렇다면 그 시간이라고 하는 것을 언제 만들었을까?

시간은 우주만물의 기원 이전에는 분명 없었던 것이다. 만물의 기원 이전에 없었던 그 괴물이 만물의 기원과 동시에 나타나 우주 만물의 역사와 인류의 역사를 흐르게 만들었던 것만은 사실이다. 그런데 그 괴물이 사람만 늙게 만드는 것이 아니라 식물도 동물도 늙어 가도록 만들고 있다. 물론 처음에는 늙게 하는 것이 아니라 자라나게 하기 때문에 시간이라는 것이 참으로 좋은 일을 하는 줄로 생각을 했었다. 나중에 알고 보니 모든 생명체들이 그 시간이라는 것 때문에 늙어가는 것이었다. 심지어 생명체가 아닌 지구도 점점 늙어가고 있는 것만은 부인할 수가 없다.

그런데 그 시간이라는 것을 누가 처음에 만들었을까?

성경을 보니 시간이라는 괴물을 태초에 만드신 분은 바로 하나님이셨다. 그렇다면 시간은 괴물이 아니라 하나님의 창조 첫 작품이 아니었던가? 태초는 하나님이 창조하신 첫 작품 바로 시간이었던 것이다. 그러니까 시간은 괴물이 아니라 우주 만물의 역사와 인류의 역사를 시작하도록 한 하나님의 위대하고 신비한 첫 작품이었던 것이다.

그 시간이 태초부터 우주 만물의 역사와 인류의 역사를 만들어가고 있는데 그 시간을 만드신 하나님이 시간과 함께 하시고 있다는 것을 알 수 있다. 그러니까 그 시간의 소유자는 바로 하나님이시고 하나님도 그 시간 속에서 함께 계신 것이다.

그런데 또 분명한 것은 사람도 태어나자마자 시간 속으로 들어가야 된다는 사실이다. 시간 속에 들어가 하나님과 동행한다는 것을 알아야 한다. 문제는 사람이 태어나자마자 시간 속으로 들어가 하나님과 동행한다는 사실을 알아야 하는데 하나님과 동행한다는 사실을 사람이 모르고 있다는 이야기다. 그런데도 사람은 영원을 사모하면서 육신을 가진 제한된 몸이기에 때가 되면 시간에서 벗어나 동행하던 하나님 곁을 잠시 떠나게 되는 것이다. 그것이 바로 육신의 죽음이 아니겠는가?

요한계시록 22:13에는 "나는 알파와 오메가요 처음과 마지막이요 시작과 마침이라"

고 하신 기록을 볼 수 있다. 우리가 알아야 될 사실은 시작과 마침을 주관하시는 분이 바로 하나님이시라는 사실이다. 그 하나님이 모든 생명체의 자라나고 늙도록 하는 시간을 만드셨던 것이다. 사람도 하나님이 창조하신 제품이기에 하나님이 왜 시간을 창조하셨는지 알아야 되지 않을까?

주의 손가락으로 만드신 주의 하늘과
주께서 베풀어 두신 달과 별들을 내가 보오니
사람이 무엇이기에 주께서 그를 생각하시며
인자가 무엇이기에 주께서 그를 돌보시나이까

(시편 8:3-4)

참새의 가치, 인간의 고귀함

참새 다섯 마리가 두 앗사리온에 팔리는 것이 아니냐
그러나 하나님 앞에는 그 하나도 잊어버리시는 바 되지 아니하는도다
너희에게는 심지어 머리털까지도 다 세신 바 되었나니 두려워하지 말라
너희는 많은 참새보다 더 귀하니라

(누가복음 12:6-7)

주의 말씀을 열면 빛이 비치어
우둔한 사람들을 깨닫게 하나이다
(시편 119:130)

살아 가면서
생기는 의문들
이야기로 풀어보는 창조론의 신비

■
1판 1쇄 인쇄 / 2021년 8월 2일
1판 1쇄 발행 / 2021년 8월 9일

■
지은이 / 이 기 정
펴낸이 / 민 병 문
펴낸곳 / 새한기획 출판부

편집처 / 아침향기
편집주간 / 강 신 억

■
04542 서울 중구 수표로 67 천수빌딩 1106호
☎ (02) 2274 - 7809 • 2272 - 7809
FAX • (02) 2279 - 0090
E.mail • saehan21@chollian.net

■
미국사무실 • The Freshdailymanna
2640 Manhattan Ave. Montrose, CA 91020
☎ 818-970-7099
E.mail • freshdailymanna@hotmail.com

■
출판등록번호 / 제 2-1264호
출판등록일 / 1991. 10. 21

값 12,000원

ISBN 979-11-88521-43-2 03230
Printed in Korea

이것들을 증언하신 이가 이르시되
내가 진실로 속히 오리라 하시거늘
아멘 주 예수여 오시옵소서
주 예수의 은혜가 모든 자들에게 있을지어다 아멘
계 22:20-21